유능한 초등교사는
자신의 아이를
어떻게 가르치는가

유능한 초등교사는
자신의 아이를
어떻게 가르치는가

초판 1쇄 발행 2015년 7월 15일
초판 6쇄 발행 2018년 2월 1일

지은이 이정원

펴낸이 손은주 편집주간 이선화 마케팅 권순민
경영자문 권미숙 디자인 Erin

주소 서울시 마포구 공덕동 404 풍림빌딩 424
문의전화 070-8835-1021(편집) 주문전화 02-394-1027(마케팅)
팩스 02-394-1023
이메일 bookaltus@hanmail.net

발행처 (주) 도서출판 알투스
출판신고 2011년 10월 19일 제25100-2011-300호

ⓒ 이정원 2015
ISBN 979-11-86116-05-0 03370

이 도서의 국립중앙도서관 출판시 도서목록(CIP)은 서지정보유통지원시스템 홈페이지
(http://seoji.nl.go.kr)와 국가자료공동목록시스템(http://www.nl.go.kr/kolisnet)에서 이용하
실 수 있습니다.(CIP제어번호: CIP2015015193)

자녀 진로지도에 성공한 초등교사 23인의 노하우

유능한 초등교사는 자신의 아이를 어떻게 가르치는가

이정원 지음

알투스

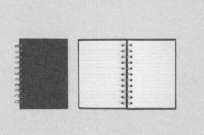

유능한 교사이자 최고의 학부모인
그들에게 듣는 초등교육 500년의 노하우

2006년, 교사로 부임하고 첫 제자들을 만나던 그때의 나는 지금 생각하면 정말 철없고 무지한 교사였다. 너무나 아는 것이 없어서 내가 무엇을 알고, 무엇을 모르는지조차 인지하지 못하던 시절이었다. 그래도 첫사랑 같았던 제자들은 내겐 두근거리는 설렘 그 자체였고 마음만큼은 아이들을 향한 사랑으로 가득했다.

하지만 안타깝게도 마음만 앞섰을 뿐 나의 무지로 인해 제대로 된 교육은 이뤄지지 않았다. 교육에 있어서만큼은 '사랑하는 마음'만으로는 안 된다는 걸, 사랑하는 마음 외에도 필요한 것들이 있음을 뼈저리게 느꼈다. 무엇보다 아이마다 각기 성격, 특성, 발달단계가 모두 다르기 때문에 막연한 짐작만으로, 혹은 교육이론만으로 내 아이에 맞는 자녀교육을 하기가 쉽지 않다. 첫 아이를 키우는 초보엄마들도 어쩌면 그때의 나와 조금은 닮아 있지 않을까 싶다.

교직에 발을 내딛고 첫 제자들과 함께했던 시간들이 유독 기억에 남는다. 그런데 그때의 기억 중에서 가장 선명하게 남은 일은 경주로 떠난 수학여행도, 열기로 붉어진 내 볼에 한 학생이 자신의 얼음물통을 대주던 단체 산행도 아니었다. 정규 수업이 끝나고 한 여학생이 '애국가'의 '애'를 어떻게 쓰느냐고 물어온 일이었다. 당시 나는 '한글을 떼고도 남을 나이인데 아직도 이런 걸 모르다니……' 하는 마음이 먼저 들었다. 그래서 시니컬한 목소리로 "바깥 '애'잖아!"라고 말했다. 그러자 그 학생이 '에국가'라고 쓰는 게 아닌가? 나는 너무 놀라 버럭 화까지 냈다.

하지만 교사로서의 경험이 조금씩 쌓여가자 '모든 아이가 그 학년이면 이 정도는 당연히 알고 있어야 한다'고 생각한 것은 그저 나의 고정관념이었을 뿐임을 알게 됐다. 그리고 무엇보다 '애'라는 글자를 학생의 눈높이에 맞게 설명하지 않고 내 눈높이에 맞게 설명했음을 알게 됐다. 아이의 눈높이에 맞춰서 모음 '아'와 '이'가 만난 게 '애'라고 설명했다면, 아이는 훨씬 더 쉽게 알아들었을 것이다. 그 일을 겪은 이후 나는 아이들의 질문을 대하는 태도가 달라졌다. 어떤 질문을 하더라도 감사한 마음으로 받아들이게 된 것이다. 몰라도 아는 척하고 있는 아이보다 당당하게 모른다고 말하는 아이가 발전 가능성이 더 크다는 것 또한 알게 되었다.

학생들과 이런저런 에피소드와 추억을 하나씩 쌓아나가며 벌써 10년이라는 시간이 흘렀다. 매일매일 아이들과 함께 조바심을 내던 초보교사였던 나는 교육서를 읽으며 부족한 부분을 조금씩 채워나갔다. 그러던 중 처음으로 1학년 담임을 맡게 되었다. 한데 당시 옆반 선생님들의 경력은 무려 내 나이와 비슷했고, 그 시간만큼의 살아 있는 경험과 노하우까지 겸비하고 있었다.

교육학을 전공한 박사님과 해외 유학파 교수님들이 쓴 교과서가 간혹 아이들의 발달과정에 맞지 않을 때가 있는데, 그럴 때면 그분들은 자신만의 교수법을 바탕으로 아이들을 지도했다. 나는 그분들께 "아이들이 이렇게 쉬운 내용을 왜 이해하지 못할까요?" "이 부분은 어떻게 가르쳐야 더 쉽고 재미있게 이해시킬 수 있을까요?" 등 교과수업법부터 학습습관이나 교우관계와 관련한 것까지 하나하나 깨알같이 물으며 일 년을 보냈다.

30년 가까운 경력의 유능한 교사이기 전에 이미 최고의 학부모인 그분들께 나는 교육대학 4년 동안 배운 것보다, 그리고 그 어떤 교육서보다 더 가치 있고 지혜로운 조언을 들을 수 있었다. 나의 숱한 시행착오와 고민은 연륜 많은 선배 교사들의 훌륭한 가르침 덕분에 서서히 줄어가고 있다.

그때 나를 성장시켜주신 선배님들 중에는 이미 퇴직하신 분도 계시고 몇 년 뒤 정년퇴직을 하실 분도 계신다. 문득 그분들의 자식 교육에 대한 노하우와 교직생활의 경험이 퇴직과 함께 묻히는 게 너무 안타까운 마음이 들었고, 서둘러 이 책을 쓰게 됐다.

인터뷰한 선생님들의 경력은 짧게는 20년에서 길게는 40년 정도다. 이 책을 위해 조언을 아끼지 않은 선생님들의 교직경력을 모두 합하면 약 500년 가까이 된다. 물론 이 책에서 말하는 것이 모두 정답일 수는 없겠지만, 오랜 세월 아이들과 함께한 분들이 강조하고 추천하는 교육비법에는 분명 남다른 혜안이 담겨 있을 것이다. 이는 교직생활을 하면서 내가 몸소 깨달은 것이기도 한데, 선생님들이 주신 지혜는 또 다른 지혜를 불러와 나를 조금 더 현명한 교사로 가다듬어주었기 때문이다.

인터뷰에 응해주신 선생님들은 대부분 자녀교육에 있어서도 부러움을 살 정도로 성공하신 분들이다. 그럼에도 꼭 말하고 싶은 것은 성공담이 아닌 부모로서의 반성에 가깝다는 말씀을 덧붙이셨다. '그때 좀더 깊이 생각했더라면, 좀더 단호했더라면, 좀더 기다려주었더라면' 하는 후회와 깨달음에 관한 이야기 말이다. 하지만 그분들은 현명한 부모가 되기 위해 '완벽한' 교육법을 알 때까지 마냥 기다리지 않았다. 아이들에게 적합하다고 생각되는 '맞춤 교육'을 위해 스스로 방법을 찾으며 부단히 노력해오셨다.

그런 이유로 선생님들의 조언은 자기중심을 잡고 묵묵히 교육을 해온 소신파 엄마들에게는 잘해오고 있다는 격려가 되어줄 것이고, 아직 갈피를 잡지 못한 채 이리저리 휘둘리는 엄마들에게는 위로와 보탬이 되어줄 것이다.

흔히 교육에 대해 말할 때 물고기를 잡아주지 말고 물고기 잡는 법을 가르치라고 한다. 하지만 요즘 아이들은 물고기 잡는 법을 알고 있는데도 물고기를 잡고 싶어하지 않는 경우가 많다. 그래서 아이들이 바다를 그리워할 수 있도록 만들어주고, 스스로 물고기를 잡고 싶어지게 만들어주는 게 부모와 교사의 역할이라고 생각한다. 그리고 물고기를 잡은 뒤에는 어떻게 할 것인가에 대한 것 역시 창의력을 발휘해 스스로 생각할 수 있도록 키워내야 한다. 그렇게 키우기 위해서는 부모와 교사가 협력자가 되어야 한다. 이 책이 그런 역할을 해주었으면 하는 바람이다.

2015년 6월
이정원

Thanks to

인터뷰를 해주신 모든 선생님들과 사랑하는 부모님께 이 책을 제일 먼저 드리고 싶습니다. 고맙습니다. 감사합니다.

"처음에는 차이가 털끝 정도로 작아도,
나중에는 천 리만큼 간격이 벌어진다."

《사서오경四書五經》중 '예기禮記' 속 말씀으로
스물세 분 선생님들께서 주신
자녀교육에 관한 지혜를 대신합니다.

2장. 어떤 엄마가 공부 잘하고 사회성도 좋은 아이로 키우는가

"
학부모가 되면 당장의 성취를 위해

조바심을 내게 마련이에요.

아이들 발달단계마다의 특성을 알고

기다려주고 믿어줘야 하는데,

그게 생각처럼 쉬운 일이 아니죠.

아이의 긴 인생을 두고 봤을 땐

닦달하는 것보다 기다려주는 게

교육적으로 더 효과가 있습니다.

부모가 숲을 보는 혜안을 가지면

아이도 숲을 보는 법을

알게 되는 것 같아요.

"

1장

경험 많은
교사들은
자신의 아이를
어떻게 가르치는가

첫 단추

...

교사 엄마들은
자녀교육을
초보에서 시작하지
않는다

초등학교 1학년 교과서인《우리들은 1학년》을 집필하신 신경자 선생님은 23년차 교사이자, 후배 교사와 학부모들을 대상으로 강의를 하시는 교사의 선생님이다. 그런데 이분 또한 자녀교육이 쉽다고 여긴 순간은 단 한 번도 없었고 무엇이 정답인지 몰라 늘 두려웠다는 고백을 들려주셨다. 세상의 모든 엄마들이 '엄마 역할'은 매번 처음처럼 서툴고 어렵다는 것이다.

텔레비전 프로그램 〈우리 아이가 달라졌어요〉를 시청하다가 오은영 교수를 보면서 엄마로서의 경험과 전문의로서의 지식이 융합된 명확하고 진정성 있는 솔루션을 내려주는 모습에 감탄하곤 했다. 그런 분조차 "저도 다른 어머니들처럼 아이를 키우는 과정이 두렵고 불안합니다."라고 대답했다. '양육의 마법사'라 불리는 그녀도 '내 아이의 엄마'로서는 불안과 두려움이 있는 것이다.

교육전문가 엄마들도 이렇게 자녀교육 문제에 있어서는 다른 엄마들과 똑같은 고민에 빠진다. 자신이 교사라는 생각에 오히려 다른 부모들보다 더 큰 강박과 불안감을 느끼는 것이다. 하지만 그 강박과 불안 속에는 엄청난 노하우가 담겨 있다. 오랜 시간 현장에서 이미 수많은 사례를 직접 경험했기에, 그리고 '초등학교 저학년의 자녀교육'이 얼마나 중요한지 알고 있기에, 자신의 자녀교육에 대해 더 큰 부담을 가질 수밖에 없다.

그래서 그들의 경험담은 남달랐다.

20년에서 40년 가까이 교직생활을 한 그분들이 무수한 시행착오 속에서 깨달은 자녀교육의 원리를 배우고자, 나는 부지런히 발품을 팔며 찾아다니고 조사하고 기록했다. 내게는 '선배 교사'이고 학부모님들에게는 '선배 학부모'인 그분들을 만나 전해들은 자녀교육의 혜안과 철학을 찬찬히 살펴보도록 하자.

교육전문가 부모들의 가장 큰 후회 '그때 조금만 더 기다려줄 걸'

"내 아이에게 적합한 맞춤형 교육을 위해 끊임없이 고민합니다. 노력하다 보면 적어도 교사인 엄마로서 부끄러운 부모가 되지는 않을 것 같아서요. 교사들도 시행착오를 많이 겪습니다. 이미 학교를 졸업하고 사회생활을 하는 자녀를 둔 선생님들도 '그때 왜 그 생각을 못했을까' 하는 후회를 많이 하십니다. 저도 마찬가지예요."

교육 현장에서 수많은 상황을 겪으며 깨닫고 배우는 선생님들도 '해답은 있되 정답은 없는' 자녀교육 문제로 늘 고민이 많았다. 그중 자녀들이 커가면서 가장 후회스러운 점은 뜻밖에도 '해주지 못한 것'에 대한 후회가 아니라 도를 넘어 '지나쳤던' 것에 대한 후회였다.

'손발이 오그라들 정도로 격하게 칭찬하기', '갈비뼈가 으스러지도록 안아주기', '목이 쉴 만큼 열심히 책 읽어주기' 등은 아무리 지나쳐도 문제가 되지 않는다. 하지만 과유불급인 것들은 분명 있다. 선생님들은 아이들이 스스로 즐거움을 느끼며 몰입할 기회조차 주지 않고 책임감이라는 명목 아래 부모의 계획과 의도대로만 끌고 가려고 하거나, 아이의 행복도 부모가 만들어줘야 한다는 강박을 갖는 것은 옳지 않았음을 뒤늦게 깨닫는다고 하셨다.

현재 고등학교 2학년, 그리고 중학교 1학년에 재학중인 형제를 키우고 있는 21년차 박미선 선생님도 이 점이 가장 후회된다고 하셨다. "우리 아이들뿐 아니라, 제가 가르치는 아이들을 봐도 그래요. 사랑에도 때론 절제의 미덕이 필요하다는 생각이 들어요. 아이들에게서 물질적인 부족함은 별로 느껴지지 않지만 다른 결핍이 느껴집니다. 그것은 스스로 고민해보고 문제를 해결할 수 있는 '기회'에 대한 결핍이에요. 아이들이 스스로 판단하고 결정할 수 있도록 좀더 지켜봐주고 믿어줄 걸 하는 아쉬움이 남아요. 그리고 보면 저도 내공이 깊은 엄마는 아니었던 거죠."

선생님이 말씀하시기를 특히 첫째 아이의 학부모들은 같은 상황이어도 더 걱정이 많고 불안함을 스스로 즐겨찾기 때문에 아이에게 뭐든 해주려고 하는 경향이 강하다고 하셨다. 이런저런 주변의 이야기들에 쉽게 마음이 흔들리고 아이의 내면을 살피기보다 다른 엄마의 시선과 이야기에 더 쉽게 마음이 동요한다는 것이다. 그래서 1학년 아이를 둔 학부모들에게 절대적으로 필요한 건 아이가 스스로 할 수 있도록 기다려주는 것이라고 강조하셨다.

"교육 경력이 늘어나면서 경험이 풍부해지는 건 사실이에요. 하지만 저는 아들 둘을 키우면서 교사로 일할 때보다 더 많은 경험을 하고 있습니다. 예전에는 아이들이 스스로 하지 않을 경우 야단도 치고 종용도 했지만 지금은 스스로 할 때까지 기다려줍니다. 1학년 담임을 2년 동안 연달아 맡으면서 많이 느꼈어요. 대부분의 아이들이 입학 초기에는 환경 변화에 적응하느라 많이 힘들어하지만 학교생활이 어느 정도 익숙해지면 스스로 하는 습관이 생겨납니다. 때론 고학년보다 더 나은 경우도 많지요. 우리 애는 아무것도 할 줄 모른다고만 생각하면 안 됩니다. 그건 자립심을 키울 수 있는 기회를 오히려 빼앗는 거예요. 아이가 스스로 할 수 있도록 기다려주는 것, 그런 현명한 기다림이야말로 특히 1학년 학부모님들에게 절대적으로 필요한 덕목입니다."

1학년들의 담임을 맡다 보면 아이보다 어머님들이 더 걱정이 많고 조바심을 내는 게 느껴진다. 하지만 아이들은 오히려 부모가 염려하는 것보다 학교생활에 적응도 잘하고 즐거워한다. 이때는 아이가 잘 못하는 걸 걱정스럽게 살피고 먼저 해주려 하기보다는 아이 스스로 무엇을 잘해내고 있는지를 눈여겨보면서 북돋아주는 배려가 더 필요한 시기다.

부모가 숲을 볼 줄 알면 아이도 숲을 보게 된다

"동료 교사나 학부모님들 중에도 유독 배려심이 깊고 여유가 느껴지는 분들이 있어요. 그분들의 아이들을 보면 인성이나 학업 면에서 나무랄 데가 없더군요. 대개 엄마들은 아등바등 뭔가 하나라도 더 가르쳐보려고 애쓰잖아요. 하지만 이분들은 아이를 믿고 지켜보고 있다는 게 느껴져요. 그런 분들을 만나면 저 역시 엄마로서 많이 배웁니다. 기다려주는 것이야말로 아이의 올바른 성장을 돕는 최선이 아닐까 싶어요."

신경자 선생님은 오랜 교직생활 동안 훌륭한 학부모님과 교사들을 많이 만나왔는데, 그분들에게서 엄마로서 가장 본받고 싶은 덕목은 '기다림'이라고 하셨다.

요즘 같은 경쟁시대에는 아이보다 한 발 앞서 나가 끌어당겨주는 게 부모의 역할이라 생각할 수도 있다. 하지만 멀리 가려면 아이와 함께 가야 한다. 조금은 더디게 가는 것 같더라도 아이가 보조를 맞출 때까지 기다려주면 아이는 어느새 부모의 기대보다 한 움큼 더 커 있곤 한다. 교실에서도 종종 그런 경험을 한다. 학기말이 되면 학기초 처음 만났을 때의 그 아이가 맞나 싶을 정도로 모든 면에서 성장해 있는 아이들이 있다.

신경자 선생님도 지금 고등학교 1학년인 첫째 딸을 키울 때의 시행착오를 바탕으로, 초등학교 6학년인 막내딸을 키울 때는 이 기다림의 중요성을 더욱 절감했다고 하셨다. "학부모가 되면 누구나 당장의 성취를 위해 조바심을 내게 마련이에요. 아이들 발달단계마다의 특성을 알고 기다려주고 믿어줘야 하는데, 그게 생각처럼 쉬운 일이 아니죠. 하지만 아이의 긴 인생을 두고 봤을 땐 닦달하는 것보다 기다려주는 게 교육적으로 더 효과가 있습니다. 부모가 먼저 나무가 아닌 숲을 보는 혜안을 가지면 아이도 숲을 보는 법을 알게 되는 것 같아요. 이런 게 진정 부모의 내공이라고 생각합니다."

기다림은 부모님뿐 아니라 교사가 갖춰야 할 핵심 요건이기도 하다.

우리반 아이들은 세상과 만난 지 기껏해야 10년 정도밖에 안됐고, 나 역시 교사가 된 지 10년 남짓이다. 학부모가 된 어머니들도 초보이긴 매한가지다. 아이, 엄마, 교사 모두 서로에게 배운다는 생각을 갖게 되면 좀더 믿고 기다려주며 서로를 배려해줄 수 있지 않을까. '왜 저렇게밖에 못하는 걸까' 하고 조바심 내는 대신 학교에서 차근차근 배우고 깨우쳐나갈 수 있게 먼저 용기를 북돋아줘야 할 것이다.

더 큰 생각을 품는 아이로 키우는 법

35년 경력의 박영숙 선생님께 선배 엄마로서 초등학교 학부모님들께 가장 강조하고 싶은 게 뭔지 여쭤봤다. 박 선생님은 내게 은사님 같은 분으로, 3년간 박 선생님의 옆반 교사로 일하면서 나는 교육대학 4년 동안 배운 것보다 더 많은 가르침을 받았다.

"자립심과 배려심이 있는 아이로 키우자는 것입니다. 요즘 아이들은 학원에서 대부분의 시간을 보낼뿐더러 친구도 학원에서 사귑니다. 부모님이 짜놓은 스케줄대로 생활하고 부모님이 친하게 지내라고 하는 아이들 하고만 어울리지요. 이렇게 부모가 시키는 대로 우물 안 개구리처럼 자란 아이들은 사교성은 있을지 몰라도 정작 중요한 사회성이 발달하기는 어렵습니다. 다양한 환경에서 자란 친구들과 어울리며 교류해야 스스로 터득하는 생각의 폭도 넓어지고 자립심도 생길뿐더러 다른 친구들에 대한 이해심이나 배려심도 깊어집니다."

선생님의 말씀을 들으니 어느 책 속의 에피소드가 떠올랐다. 〈잘 먹고 잘 사는 법〉 등 화제의 다큐멘터리를 잇달아 제작해 한국방송대상을 세 번이나 수상한 박정훈 피디는 《너의 꿈에는 한계가 없다》라는 책에서 자신의 경험담을 소개했다. 그중 특히 인상적인 부분이 바로 방송국 면접 때의 일이다.

20년 전 그는 방송국 피디 공채 시험을 치르는 과정에서 토론식 면접을 보게 됐다고 한다. 세 명의 지원자가 10분 동안 세 개의 주제 가운데 답변하고 싶은 한 개의 공통 주제를 선택한 뒤 면접관 앞에서 토론하는 방식이었다. 그가 속한 팀에 주어진 과제는 문학과 법률, 경제였는데 지원자들의 전공과 관련된 내용이었다. 당연히 지원자들이 선호하는 주제가 달라 주제 결정부터 쉽지 않았다. 결국 영문과 출신인 박정훈 피디가 먼저 양보하고 마지막에 법대 출신 지원자가 양보해 최종 주제는 경제학과 출신에게 유리한 '종신고용제를 어떻게 볼 것인가'로 정해졌다. 역시 답변을 가장 잘한 건 경제학과 출신 지원자였다. 그런데 결과는 예상 외였다. 경제학과 출신만 탈락하고 나머지 두 명이 합격한 것이다. 박정훈 피디는 "때로는 양보하는 것이 오히려 득이 될 때도 있다는 것을 그날 배웠어요."라고 말했다.

이렇듯 제아무리 똑똑하고 유능한 사람도 협동심, 배려심, 양보심 없이는 사회생활에서 자신이 가진 능력과 품은 뜻을 제대로 펼치기 어렵다. 그래서 경험이 많은 선생님들일수록 '배려와 사회성'을 초등교육에서 특히 중시해야 할 덕목으로 꼽았다.

아이가 초등학생이 됐을 때, 하루 일과를 마치고 집에 돌아오면 엄마들은 "오늘 학교에서 어땠니? 누구랑 놀았어? 오늘 배운 건 뭐니?" 주로 이런 것만 묻게 된다. 그러나 경험이 풍부한 선생님들은 이구동성 이렇게 물어야 한다고 전한다. "오늘 친구들은 무슨 이야기를 했니? 친구들과는 사이좋게 잘 지냈니?"

초등 저학년일 때 경청과 배려를 배운 아이는 고학년이 되고, 나아가 중고등학생이 돼서도 사회성 부분에서만큼은 그다지 걱정할 일이 없게 된다. 아이의 알림장을 펼쳐보기 전에, 아이가 다른 친구들에게 적절한 양보와 배려를 하며 하루를 보냈는지부터 체크하도록 하자.

"요즘 아이들에게서 물질적인 부족함은
느껴지지 않지만 다른 결핍이 느껴집니다.
그것은 스스로 고민해보고 문제를 해결할 수 있는
'기회'에 대한 결핍이에요.
저도 아이들이 스스로 판단하고 결정할 수 있도록
좀더 지켜봐주고 믿어줄 걸 하는 아쉬움이 남아요."

_박미선(21년차 교사)

자기주도

···

교사들은
자신의 아이를 어떻게
자기주도형
인재로 키우는가

"우리 집 가훈은 '자력갱생自力更生'이에요. 이런 말을 하면 다들 웃으시는데 사실입니다. 어릴 때부터 생활의 주체는 자기 자신이라는 걸 강조했어요. 부모가 아무리 아이에게 집중하고 희생해도 결국 선택과 책임은 아이 자신의 몫이거든요."

신경자 선생님은 자력갱생이라는 가훈대로 교육하기 위해 두 딸에게 자기 생활을 스스로 이끌어나가게끔 했다. 부엌에 있는 가스레인지를 인덕션으로 바꾼 이유도 이 때문이다. 초등학교 2학년이 되면 달걀프라이는 직접 해먹을 수 있고, 3학년이 되면 라면 정도는 끓여 먹어도 된다고 판단했다.

공부와 친구관계도 아이가 먼저 의논을 해오면 귀기울여 듣고 성심껏 조언을 해주었지만 대신 모든 책임은 스스로의 몫임을 강조했다. 언뜻 들으면 부모와 자식 간의 관계가 지나치게 이성적이고 냉랭할 것 같은데, 선생님은 오히려 아이들과 미주알고주알 참 많은 얘기를 주고받는다고 하셨다.

신 선생님은 어머니들을 대상으로 한 학부모 강의도 많이 하신다. 그러다 보니 어머니들과 대화를 많이 나누는 편인데 그 과정에서도 역시 '자력갱생'의 교육법만큼은 자신 있게 강조하신다고 했다.

"어릴 때는 단계별로 스스로 해야 할 일들을 정해주고 기다렸습니다.

엄마가 도와주면 훨씬 빨리 되겠지만, 아이들이 직접 할 수 있도록 기회를 주었어요. 그렇게 하다 보니 딸들이 스스로 해야 할 일들을 찾아나가기 시작하더군요. 저는 이게 바로 '자기주도학습'의 시작이라고 생각합니다."

선택하고 판단할 기회를 줘야 아이도 스스로 생각하게 된다

영어교육을 언제부터 시작할지, 휴대폰을 언제 사줄지는 부모님의 개인적인 교육관이 반영돼야 한다. 그렇지만 신경자 선생님의 자기주도형 인재로 키우는 자녀 교육법만큼은 꼭 따라해보길 권한다. 그 이유는 학교에서 수많은 아이들을 만나 함께 생활할수록 자립심이 강한 아이가 학교생활도 더 잘해낸다는 것을 체감하기 때문이다. 초등학교에 입학하면 스스로 해야 할 일들도 많을뿐더러, 10년 남짓 살아온 아이들의 경험치로는 예측이 불가능한 일들도 많이 일어난다. 돌발 상황이 생겼을 때 뛰어난 '문제해결능력'을 발휘하고 '차분한 의젓함'을 보여주는 학생들은 대개 집에서 손톱 깎는 거 하나라도 스스로 해본 아이들이다.

교사로서 나 역시 '자기주도'와 관련해서는 절대적으로 공감하는 바가 많다. 취학 전까지 엄마의 의지로 다듬고 만들어 키운 아이는 안타깝게도 학교에서는 티가 팍팍 난다. 이 '티'라는 것이 긍정적인 요소로 작용하면 좋을 텐데 아쉽게도 그렇지 못한 경우가 많다. 일례로 준비물을 못 챙겨온 것은 학교생활에 전혀 문제가 되지 않는다. 교사에게 와서 빌려달라고 하거나 친구의 것을 나눠 쓰면 되기 때문이다. 그런데 어쩔 줄 몰라 하면서 마냥 우는 아이가 있다. 왜 우는지 물으면 답을 못한 채 눈물만 펑펑 쏟는 경우가 있는데, 이럴 땐 정말 속수무책이다. 1학년이면 그나마 이해를 하겠는데 가끔 2~3학년 학생들 중에도 이런 경우가 있다.

이런 아이들을 잘 살펴보면 아이들에게 문제가 있기보다는 엄마의 양육 방식 때문인 경우가 많다. 물론 엄마가 아이를 독립적으로 키우려고 무던히 애를 쓰는데도 아이의 타고난 기질과 성향 때문에 잘 되지 않는 경우도 더러 있긴 하다. 하지만 아이들은 자라며 수십 번 변하고, 어느 순간 생각지 못할 만큼 훌쩍 크는 기특한 특성이 있다. 그러니 '어차피 쉽게 안 바뀔 거라면 내가 해주고 말지'라는 생각을 버리고 기다리는 자세가 필요하다. 1학년 때 우느라 대답도 못하던 아이가 6학년이 돼 전교회장이 되는가 하면, 학기초에는 발표하는 걸 너무나 힘들어하던 아이가 학기말이 되자 학급회의를 열자고 제안하기도 할 정도로, 아이들의 성장 가능성은 무한대로 열려 있기 때문이다.

'공부는 둘째 치고 제 일은 알아서 해주면 참 좋으련만…….' 하고 안타까워하는 어머니들이라면 우선 아이 스스로 생각할 기회, 판단할 기회, 결정할 기회, 행동해볼 기회, 실패할 기회를 주고 기다려주셨으면 한다. 그래야 아이가 스스로 해나갈 수 있다. 그게 부모의 눈에는 어설프고 더뎌서 답답하게 보일 수도 있겠지만 그런 경험들이 쌓여야 자기주도적인 삶을 살아갈 토대가 만들어지는 것이다.

엄마가 알아서 다 해주는 유년기를 살아온 아이는 학교생활도 교사가 다 알아서 해주기를 바라고, 학급의 일에서도 뒷전으로 물러나 있곤 한다. 반면 집에서 주도적으로 생활한 아이는 학급은 하나의 공동체이며 자신의 현명한 생각이 반영되면 더 좋게 바뀔 수 있다고 믿는다. 당연히 학교생활을 적극적으로 해나갈 수밖에 없다.

비슷한 나이라 해도 스스로 생각하고, 선택하고, 경험해본 아이와 그렇지 못한 아이의 사회성은 큰 차이가 난다. 엄마의 성급한 참견과 도움으로 성공만을 경험하는 것보다 실패를 하더라도 스스로 선택해보는 것이 아이에게는 더 값진 경험이 되는 것이다. 어쩌면 그것이 조금 더디게 가더라도 훗날 더 멀리 가는 법이 아닐까 싶다.

'자기주도학습'은 아이 혼자 하게 내버려두는 게 아니다

생활 외에 학습적인 면에서 자기주도형 아이로 키우기 위해서는 어떤 코칭이 필요할까? 세 분의 선생님들께 같은 질문을 드렸다. 이 문제는 나 역시 초등학급의 담임으로서 늘 답을 구하고 있는 부분이기도 하다.

30년 경력의 권순애 수석 선생님은 자기주도학습의 첫 걸음은 '아이 스스로 자신이 지금 무엇을 해야 하는지 알게 하는 것'이라고 했다. 단 부모의 주의 깊은 기다림을 전제로 한 것이다. "자기주도학습의 시작은 지금 내가 무엇을 왜 해야 하는지를 아는 것입니다. 내가 무엇을 해야 하는지 스스로 깨닫고 나면 방법은 부모와 함께 찾아내면 됩니다. 물론 저학년 아이가 혼자 그 방법을 찾아내고 실천하는 건 결코 쉽지 않습니다. 따라서 아이가 방법을 몰라 머뭇거릴 때, 집에서는 부모님이 학교에서는 교사가 도와줘야 하는 것이죠. 저는 아이들에게 쉬는 시간을 활용하는 법을 알려주곤 합니다. 쉬는 시간 10분을 '복습 2분, 화장실 3분, 놀이 3~4분, 예습 1분' 이런 식으로 활용하도록 제안합니다. 이를 지도하는 데 짧게는 일주일, 길게는 몇 달이 걸리는 학생들도 있습니다. 이럴 때는 부모님들도 인내심을 가져야 합니다. 아이를 방임하거나 조급한 마음에 무작정 잔소리를 하는 대신 아이와 함께 방법을 찾아가는 게 좋습니다. 그러다 보면 어느새 아이가 자신만의 방법을 찾아내게 됩니다."

즉 자기주도학습은 '아이가 모든 걸 혼자, 스스로, 알아서 잘 하는 것'이 아니라는 뜻이다. 평소 자기주도학습에 관한 강의도 많이 하고 이 주제로 학부모와 학생들을 지도한 경험이 많은 양경윤 수석 선생님도 자기주도학습이 가능하려면 부모님과 선생님의 조력이 뒷받침돼야 한다고 강조했다. 양 선생님은 특히 수학 자기주도학습에 관한 연구와 지도에 관심이 많으시고, 미래창조과학부로부터 표창도 받으셨다. 선생님께 부모님이 어떻게 코칭하면 좋을지에 대해 여쭤봤다.

"아이의 기질적 요인이나 특성에 따라 다른 식으로 코칭을 해야 합니다. 부모님의 조력이라면 학습적인 가르침보다는 아이에 대한 이해와 믿음을 의미합니다. 내 아이를 충분히 이해해야 성향에 맞는 학습 방향을 정할 수가 있거든요."

양 선생님은 자기주도학습에 관한 강의나 학생지도를 진행할수록 초등학생들에게는 전략적인 요소보다는 '정서적 안정과 동기부여'가 중요함을 절감한다고 하셨다.

선생님 말씀에 따르면, 자기주도학습에서 첫 번째로 선행돼야 할 것은 부모님의 '기다림'이다. 시험점수에 일희일비하고 당장의 결과를 두고 성급하게 평가하려 하면 아이들의 자기주도학습은 절대 이뤄지지 않는다. 그렇기 때문에 인내심을 갖고 기다리되 동기를 부여하는 방법을 찾는 게 관건이다. 그리고 내 아이의 수용능력이 어느 정도인지 가늠하고 그것에 맞게 단계별로 채워 넣는 게 중요하다.

"단계별로 스스로 해야 할 일들을 정해주고 기다렸습니다.

엄마가 도와주면 훨씬 빨리 되겠지만,

아이들이 직접 할 수 있도록 기회를 주었어요.

그러다 보니 딸들이 스스로 해야 할 일들을 찾아나갔지요.

저는 이게 바로 '자기주도학습'의 시작이라고 생각합니다."

_신경자(23년차 교사)

집중력

···

눈빛에
집중력이
있는지 없는지부터
본다

두 제자가 스승에게서 활쏘기를 배우고 있었다.

한 제자가 먼저 시위를 당겨 과녁을 조준했다.

스승이 물었다.

"지금 무엇이 보이느냐?"

"과녁이 있고, 그 주변에 나무들이 보입니다."

그러자 스승은 활을 당장 내려놓으라고 소리쳤다.

또 다른 제자가 시위를 당겼다.

"지금 무엇이 보이느냐?"

"까만 점 하나만 보입니다."

그러자 스승은 고개를 끄덕였고, 한껏 당긴 시위에서 화살이 날아올랐다.

그리고 그 화살은 과녁의 한가운데에 정확히 꽂혔다.

스승은 말했다.

"활을 쏠 때 가장 중요한 것은 집중이다.

오직 과녁의 중심 하나에만 모든 정신을 모아야 하는 법이다."

학창 시절 한 선생님께 들은 이야기다. 그 선생님께서는 평소에도 돋보기로 빛을 한곳에 모으면 종이에 불을 붙일 수 있듯이, 정신과 에너지를 한곳에 집중해서 몰입의 경지에 이르면 세상의 모든 일을 이루어낼 수 있다고 강조하셨다.

20년 전에 들은 이야기인데도 '집중과 몰입'이라는 단어를 들을 때면 이 이야기가 생각난다. 그런데 대부분의 어머니들은 희한하게도 '집중'이라고 쓰고 '공부 잘하는 법'이라고 읽는다. 이 둘은 엄연히 다른데 말이다. 아이들 인생에 펼쳐질 수많은 가능성을 생각한다면 무엇이 됐건 좋아하는 것에 집중하고 몰입해서 즐거움을 찾는 게 더 중요한 일이다.

몰입의 즐거움을 경험하게 하라

그동안 만나온 제자들 중, 모든 면에서 우수한 아이의 특징을 한 가지 꼽아보라고 한다면 단연 '집중하는 능력'이라고 말할 수 있다. 이는 나뿐만 아니라 많은 선생님들이 이구동성으로 꼽는 능력이기도 하다. 교과서 집필에도 여러 번 참여하신 문지영 수석 선생님 역시 같은 답을 주셨다. "24년 동안 교직생활을 하면서 아직도 잊혀지지 않는 제자들이 있어요. 모든 면에서 우수하고 미래가 기대되는 학생들이었는데 특히 반짝이는 눈빛과 집중력이 대단했어요. 수업이 시작되면 시선은 늘 선생님을 향해 있었고, 한눈팔지 않는 태도가 진지했죠. 집중도와 몰입도가 상당히 높았던 걸로 기억합니다."

우리반 아이 중에 소위 문제아라고 불리는 아이가 있었다. 요즘은 문제아라는 말 대신 '부적응 학생'이라고 표현하는데, 여섯 살 때 부모님이 이혼을 하는 바람에 할머니 손에서 자란 아이로 마음의 상처가 있었다.

그 아이는 교실에서도 자기 마음에 들지 않는 일이 생기면 손에 잡히는 대로 물건을 집어 던지곤 했다. 그것을 말리는 과정에서 손목을 다쳐 한동안 침을 맞기도 했는데, 그런 아이가 유일하게 좋아하는 것이 바로 야구였다.

6학년이 되자마자 시작한 야구 덕분에 아이의 마음속 응어리와 분노는 누그러졌고 상처는 아물어갔다. 진정으로 좋아하는 일을 찾아 몰입한 덕분에 탈출구가 생긴 것이다. 그 아이의 야구에 대한 몰입도는 평범한 아이들과는 달랐다. 몰입은 '망각'의 다른 이름이라는 말처럼, 아이는 자신이 좋아하는 것에 집중하자 어느새 자신의 상처와 우울함을 조금씩 떨쳐내면서 극복해나가는 모습을 보여줬다. 나는 이 아이를 통해 몰입과 집중의 진정한 의미를 깨달을 수 있었다.

예전에는 '집중'이 무언가를 달성하기 위해 인내하는 상태라고만 생각했는데, 실상 집중은 그것을 넘어선 것이었다. 고도로 집중과 몰입을 하면 뇌에서는 도파민이라는 물질이 분비되는데, 도파민은 쾌감과 즐거움, 흥분, 의욕, 동기, 활기, 운동기능 조절 등의 역할을 한다. 그리고 이러한 감정을 통해 행동과 신체 움직임을 통제하고 조절할 수 있다. 이런 현상이 바로 그 제자에게서 일어나고 있었던 것이다.

내 아이가 무엇에 '집중'하고 있는지 알아야 한다

유명한 성장영화 〈빌리 엘리어트〉에 대해 한번쯤 들어봤을 것이다. 이

영화는 가족의 반대를 무릅쓰고 발레리노를 꿈꾸는 소년의 이야기를 담고 있다. 영국의 몰락해가는 한 탄광촌에 살던 열한 살 소년 빌리는 권투를 배우기 위해 찾아간 체육관에서 우연히 발레를 접한다. 자기도 모르는 끌림에 의해 윌킨슨 부인의 발레 수업에 관심을 기울이게 된 빌리는, 발레 선생님의 격려에 힘입어 권투를 그만두고 발레를 시작한다. 발레는 여자들만의 전유물이라 생각한 아버지는 아들에게 격분하고, 빌리의 발레 수업을 금지시킨다.

그러나 가슴속에서 터져나오는 열정은 무엇으로도 막을 수 없는 법. 빌리의 춤을 보고난 후 아버지는 발레에 대한 빌리의 열정에 마음이 흔들리고, 발레만이 아들이 탄광촌에서 벗어날 유일한 탈출구라는 사실을 깨닫는다. 드디어 아버지와 함께 런던 로얄발레학교 입학시험을 보는 날, 빌리는 면접관 앞에서 이렇게 이야기한다.

면접관 : 마지막 질문 하나만. 빌리, 춤을 출 때 어떤 기분이니?

빌리 : 모르겠어요. 그냥 기분이 좋아요. 한번 시작하면 모든 걸 잊게 돼요. 마치 몸에 불이라도 붙은 느낌이에요. …… 전 그저 한 마리의 나는 새가 되죠.

집중력과 몰입하는 능력이 비단 공부에만 필요한 것은 아니다. 무엇이든 자신이 하고 싶은 일이나 좋아하는 일에 빌리만큼 몰입할 수 있다면 누구라도 그 분야에서 성공할 수 있다. 우리나라의 대표적인 소설가인 조정래 씨도 글쓰기 작업을 하고 있을 때에는 온몸에 전류가 흐르는 듯한 느낌을 받곤 한다고 말한 적이 있다. 그의 대표작인 《아리랑》, 《태백산맥》 등에 등장하는 인물만 해도 약 1,200여 명이라고 하니 엄청난 몰입력이 아니고서는 도저히 해낼 수 없는 방대한 작업인 것이다.

온몸에 전류가 흐를 정도의 몰입을 초등학생에게 기대하기는 어렵다고 생각할지도 모르지만 아이들의 몰입력은 어른 못지않다. 어릴 때부터 작은 일에 몰입해본 경험이 있는 아이는 더 크고 중요한 일에도 몰입을 잘한다. 몰입은 그 경험이 누적될수록 뇌가 쾌감과 보상을 기억한다. 자전거 타는 법을 한 번 익히면 몸이 기억하고 있는 것처럼 몰입의 노하우도 몸이 한 번 기억하면 좀처럼 잊어버리지 않는 것이다.

어릴 때부터 놀이든 공부든 매사 적당히, 평균 이상만 하면 된다는 인식을 심어줘서는 전류가 흐를 만큼의 싸릿한 몰입을 평생 경험하지 못할 수도 있다. 부끄러운 고백이지만 나 또한 대학 졸업과 동시에 인생의 모토가 '뭐든지 중간 이상만 하면 된다'였다. 하지만 훌륭하신 선배 교사분들을 뵈면서 '나쁘지 않은 인생은 나쁠 수 있다'는 것을 깨닫기 시작했다.

몰입할 대상을 탐색중인 아이도 칭찬해주자

가수 GOD가 새 음반 녹음 작업을 할 때마다 소속사 대표이자 작곡가인 박진영이 너무 혹독하게 해서 힘들었다고 고백한 적이 있다. 이 이야기를 들은 박진영은 '자신이 불 수 있는 풍선의 크기가 어느 정도인지 잘 몰라서 그런다'는 대답을 했다. 최선을 다해 불어보지 않았기 때문에 얼마나 더 크게 불 수 있는지 잘 모른다는 것이다. 풍선을 한계치까지 불기 위해서, 즉 자신의 역량을 끌어올리는 경험을 할 수 있게 하려고 소속사 가수들에게 엄격했다는 후일담을 들려줬다.

이 풍선 이야기를 들으면서 아이들에 대한 교육도 이와 같다는 생각이 들었다. 어릴 때 자신이 불 수 있는 풍선의 크기가 얼마나 큰지 스스로 경험할 수 있도록 도와주는 게 그 어떤 교육보다 중요하다는 걸 말이다. 저학년의 경우 자신이 무엇을 하면 즐겁게 몰입할 수 있는지 모르는 경우가 많다. 그래서 자신이 해야 할 일보다 다른 친구들이 하는 것에 더 관심을 갖거나 한 가지 일에 집중하지 못하는 아이들이 생겨난다. 그런 아이들을 어떻게 지도해야 할지 몰라 고민하던 중에 한 선배 교사가 이런 조언을 해주셨다.

"여기저기 기웃거리기만 하는 아이들이 꼭 있어요. 그런데 그것도 몰입해나가는 과정이라고 생각해야 합니다. 자신이 뭘 해야 할지 감을 잡지 못해서 주변 정보를 수집하고 있는 거예요. 그때 아이의 관심사를 함께 찾아주는 역할을 부모와 교사가 해야 합니다. 자신의 관심사를 애써 찾으려 노력하는 아이에게 '넌 뭐 하나 제대로 집중해서 하는 법이 없구나'라는 식으로 핀잔을 주거나 역정을 내면 아이는 의기소침해져 탐색을 중단합니다. 그래서 진정한 교육은 아이를 세심하게 살피고 관찰하는 데서 시작되는 겁니다."

초등학교 저학년 아이들이 처음부터 스스로 자신의 일을 해내고 공부에 집중하기는 어렵다. 그렇다고 계속 엄마가 방향을 정해주고 모든 걸 함께할 수는 없는 노릇이다. '엄마주도적 집중'에서 시작하더라도 조금씩 스스로 하는 습관을 몸에 익혀 자기주도적 집중으로 옮겨갈 수 있도록 해야 한다.

그러기 위해서는 어릴 때부터 한곳에 집중해서 몰입의 즐거움을 맛보는 경험을 하게 도와줘야 한다. 그렇게 몰입을 통한 성취감을 경험한 아이들은 그 과정의 가치를 알고 스스로가 먼저 몰입할 대상을 찾아 빠져들게 된다. 그리고 그런 성취감의 누적은 스스로 해낼 수 있다는 자신감으로 이어진다.

자녀가 놀이나 스포츠에 몰입할 때 "공부는 안하고 왜 쓸데없는 것만 좋아하니?"라고 잔소리를 퍼붓기보다는 "너는 몰입도가 높고 집중을 잘하기 때문에 뭐든 마음먹고 하면 잘할 거야!"라고 다독이며 칭찬해주자. 물론 욱 하고 감정이 올라올 때 이성적으로 대화하는 게 쉽지는 않다. 하지만 교사와 부모는 아이들에게 미치는 영향력이 생각보다 크다. 그러하기에 순간적인 감정에 의지한 말이나 행동보다는 자기 검열을 통해 정제되고 선택된 말과 행동을 보여줄 필요가 있다. 부모와 선생이라는 역할에 진심을 담는 배우처럼 말이다.

필기력

···

노트 필기를 보면
어떤 떡잎인지
알 수 있다

요즘 아이들은 컴퓨터 타자가 익숙해서인지 필기를 불필요한 과정이라고 여기는 경우가 많다. 공부에 취미가 없는 아이뿐만 아니라 공부를 잘하는 아이들조차도 필기를 안 하려고 꾀를 부리며 "선생님, 팔 아파요. 프린트해주시면 안돼요?"라고 불평한다. 그런 경우 강압적으로 대처하는 것도 내키지 않는다. '시대가 변한만큼 필기 같은 것은 안 시키고 복사해서 나눠줘야 하나?' 하고 고민할 때도 있다.

하지만 공부법에 관한 책이나 뇌과학 관련 논문들을 읽다 보면 필기는 자신만의 공부법을 찾는 데 중요한 부분임을 알 수 있다. 또한 두뇌발달에도 긍정적인 영향을 미친다. 대뇌피질에 있는 운동중추 면적의 30퍼센트가 '손'에 해당하기 때문이다. 이는 손을 움직임으로써 뇌에 줄 수 있는 자극이 상당하다는 것을 의미한다.

무엇보다 필기력은 자기주도학습의 시작점이자 기초공사라고 생각한다. 초등학교 시절 나의 은사님이시자 36년차 교사인 김판갑 선생님께서도 필기의 중요성을 강조하셨다. "필기를 잘한다고 반드시 학업 성적이 좋은 것은 아니에요. 그러나 성적이 우수한 학생들은 대부분 자신만의 필기 노하우를 갖고 있습니다. 필기를 체계적으로 잘하기 위해서는 수업 시간에 선생님의 말씀을 하나라도 놓치지 않으려고 집중해서 들을 수밖에 없기 때문입니다. 실제로 교직생활을 하며 만난 아이들 중 성적이 우수하고 미래가 기대되는 아이들은 대체로 필기하는 습관이 있고, 나아가 자신만의 노하우까지 갖고 있었어요. 그 학생들의 노트는 교사인 내가 봐도 놀랄 정도로 깔끔하고 체계적이며 흠잡을 데가 없었습니다."

물론 필기 자체는 깔끔하고 훌륭한데 성적이 그에 못 미치는 학생도 있다. 또는 필기 자체에 너무 집중한 나머지 정작 수업내용을 소홀히 하거나 교사가 강조한 사항은 빠뜨리고 상대적으로 덜 중요한 부분을 자세히 기록하는 경우도 종종 있다. 이런 학생들에게는 그 시간에 배운 핵심 단어가 무엇인지, 주제 문장이 무엇인지 찾는 훈련이 필요하다.

예를 들면 교과서를 읽으면서 핵심 용어에 동그라미를 그리라고 하거나, 중심 문장에 밑줄을 긋도록 하는 방법도 좋다. 그리고 필기할 때 동그라미 표시를 한 핵심 단어와 밑줄 친 주제 문장을 중심으로 정리하도록 구체적으로 알려주는 것이다. 이런 과정을 여러 번 거치고 나면 각자의 필기내공이 생긴다. 저학년 때부터 자녀가 필기해놓은 노트를 부모가 꼼꼼히 살펴봐주는 것도 큰 도움이 된다. 필기력은 글씨를 정확하고 반듯하게 쓰는 것에서 시작해, 주요 내용을 파악해서 요약 정리를 잘하는 것으로 나아가야 진짜 자신의 실력이 된다.

반기문 총장의 성공도 '필기력'에서 시작됐다

외교부 장관 시절의 반기문 유엔 사무총장을 가까이서 지켜보게 된 신웅진 기자는 소문대로 실력과 인품을 다 갖춘, 기본에 충실한 반 총장의 삶의 태도에 깊은 감명을 받았다고 한다. 그는 청소년들에게 반기문 유엔 사무총장의 성장과정에 관해 이야기해주고 싶어 반 총장의 가족과 친구, 동료들을 만난 이야기를 바탕으로 《바보처럼 꿈꾸고 천재처럼 공부하라》라는 책을 펴냈다. 이 책에도 필기에 관한 내용이 나온다.

반기문은 워낙에 중고등학교 시절부터 필기를 잘하기로 유명했다. 이른바 '필기의 왕'이었다. 머리가 좋았지만 반기문은 머리에만 의지하지 않았다. 꼼꼼하게 필기하면서 배운 것을 자신의 것으로 정리했고, 언제든지 들춰보면서 다시 공부할 수 있게 했다.

이 책에서는 반기문 총장의 수많은 에피소드와 장점 중 왜 하필이면 '필기력'에 대해 이야기했을까? 이 사소한 것에 엄청난 성공의 에너지가 존재하기 때문이다. 좋은 외교관이 되기 위해서는 말 한마디, 단어 표현 하나에도 신중을 기해야 한다. 단어 하나에 국익이 좌우되기도 하기 때문이다. 그러므로 학창 시절의 탁월한 필기력은 반 총장이 외교관이 돼 지금의 자리에 오르기까지 밑거름이 된 주요한 자산이었던 셈이다.

음성 언어는 아무리 집중해서 들어도 한 번 듣고 나면 소멸된다. 이렇게 사라지는 것을 놓치지 않고 기록하는 것이 필기다. 기록하는 것은 두고두고 기억하겠다는 의지의 표현이기도 하다. 필기를 하다 보면 전체적인 맥락 속에서 주요 내용을 이해하는 힘도 길러지고, 선생님이 강조하는 내용과 그렇지 않은 내용을 구분해 능동적으로 필기하는 습관도 길러진다.

필기하는 습관은 초등학생 때부터 길러야 하는데 우선 펜을 바르게 잡는 법부터 시작해야 한다. 펜을 대충 잡으면 글씨를 조금만 써도 손가락이 아프고 글씨체도 좋지 않게 된다. 심지어 교사인 친구들 중에서도 펜을 이상하게 잡는 이들이 있다. 그럴 때면 "네 잘못이 아니라, 초등학교 1, 2학년 때 담임선생님께서 잘 안 가르쳐주셨나 보다."라는 농담을 하곤 한다.

펜을 바르게 잡고, 글씨를 또박또박 써가며 수업의 핵심 내용을 필기하는 것은 공부의 기본 중에 기본이다. 글씨를 또박또박 잘 쓰는 아이들은 그만큼 집중력도 좋고 매사 야무진 편인 반면, 글씨를 대충대충 쓰는 아이들은 성격이 급하고 덜렁대는 편이다. 물론 일부 예외적인 경우가 있긴 하지만 대체적인 경향이 그렇다. 자신이 공책에 쓴 글씨를 알아보지 못하고 나에게 가져와서는 "선생님 이게 무슨 글자예요?" 하고 물어올 때면 말문이 막힌다. 자신이 쓴 글자도 못 알아볼 정도면 지난 수업 내용을 기억할 리 만무할 테니 말이다.

노트 필기만 잘해도 공부가 절로 된다

인터뷰한 선생님들께 초등학교 때부터 노트 필기를 잘하는 습관을 들이면 어떤 점이 좋은지 말씀해달라고 부탁드렸다. 선생님들의 말씀은 다음의 여섯 가지로 정리된다.

첫째, 필기를 많이 하다 보면 저절로 글씨가 예뻐진다. 대학입시 논술시험을 볼 때 악필로 작성한다는 것은 회사 면접 때 트레이닝복을 입고 가는 것과 비슷하다. 질문에 대한 대답이 제아무리 훌륭해도 첫인상까지 좋기는 힘들다는 뜻이다.

둘째, 학습량이 방대해지는 중고등학교에 올라가기 전 초등학생 시절부터 필기 내공을 길러놓으면 자신만의 학습 스타일을 구축해나가는 데 도움이 된다.

셋째, 필기하는 과정에서 공부한 내용이 정리되고 머릿속에서도 체계화되기 때문에 저절로 외워지기도 한다. 보통 세 가지 정도의 펜으로 필기를 하는데 그 분류 과정을 거치면서 머릿속 지식도 자동적으로 분류 작업이 이뤄져 체계화된다.

넷째, 초등학교 5학년부터 배우는 역사는 사건이 일어난 흐름과 순서가 굉장히 중요하다. 필기를 하면서 그 순서와 흐름을 되짚어볼 수 있다. 특히 사회과목의 경우, 중요한 유물이나 지도를 직접 그려본 사람과 눈으로 보기만 한 사람의 차이는 아주 크다.

다섯째, 과학과목에 자주 등장하는 그래프는 수능고사까지 이어진다. 이런 그래프를 손수 그려본 학생과 눈으로 보기만 한 학생의 이해력 차이는 아주 크다. 내용을 탐구하며 자신의 노트에 그려본 학생은 시험문제에 등장하는 그래프에 대한 인지도가 높아진다.

여섯째, 교사의 수업 내용을 그대로 받아쓰는 것이 아니라 이해 과정을 거쳐 자기 말로 바꿔서 재구성하는 과정 자체가 가장 큰 공부다. 자신이 이해

한 내용은 필기를 하고, 그렇지 않은 부분은 물음표를 달아 질문하는 연습을 한다면 필기 자체가 최고의 공부 과정이 된다. 생각하면서 필기하고 필기하면서 생각의 체계를 잡아 구조화하는 선순환이 이뤄지며 나만의 공부가 되는 것이다.

특히 저학년 때 글씨를 바르게 쓰고 제대로 된 노트 필기 습관을 길러놓으면 학습태도도 바로 잡히고 학습 성과도 높아진다.

악필이어도 공부 잘하는 아이가 있다. 하지만 노트 필기 습관이 자리 잡히지 않아 매번 친구의 노트를 빌려보거나 심지어 휴대폰으로 찍어서 대충 보는 아이들이 있는데, 안타깝게도 이런 아이들 중 우등생은 거의 없다.

"성적이 우수한 학생들은 대부분

자신만의 필기 노하우를 갖고 있습니다.

필기를 체계적으로 잘하기 위해서는 수업 시간에

선생님의 말씀을 하나라도 놓치지 않으려고

집중해서 들을 수밖에 없기 때문입니다.

_김판갑(36년차 교사)

초등 교사들이 추천하는 노트 필기 노하우

1. 펜 색깔의 의미 정하기

펜 색깔이 너무 많으면 혼란스러우므로 세 가지 정도가 적당하다. 일반적인 내용은 검정색, 중요한 것 혹은 본인이 몰랐던 것은 빨간색, 보충설명은 파란색으로 필기한다.

2. 포스트잇 사용하기

교과서에 필기할 공간이 부족할 때는 포스트잇을 활용하자.

3. 교과서 여백 활용하기

사회나 국사 교과서 여백에는 지도 · 유물 등의 그림을 그려 넣는다. 과학 교과서에는 도표 · 그래프 · 그림으로 채워 넣는다. 국어 교과서에는 한자어 뜻풀이를 써놓는다. 암기가 필요한 내용은 입으로 소리를 내면서 적는 방법이 효과적이다.

4. 교과서에는 간단히, 노트에는 체계적으로 정리하기

교과서에는 키워드 위주로 메모해놓고 노트에는 보다 더 자세한 내용이나 부연설명, 참고할만한 사항을 필기한다.

긴 본문은 스스로 해석해서 단순한 문장으로 정리한다.

단원명은 크고 선명하게 쓰고 들여쓰기를 해서 체계화한다.

암기가 필요한 내용은 입으로 소리를 내면서 적는 방법이 효과적이다.

노트를 정리할 때 옆에 빈칸을 3센티미터 정도 만들어두고 거기에는 핵심용어나 개념을 정리한다.

5. 중요한 그림은 직접 그려보기

유물이나 지도 등 중요한 그림은 직접 그려보면 오래 기억할 수 있다.

6. 사회(역사)과목은 시대별, 연도별로 정리하기

역사는 사건이 일어난 순서가 중요하므로 항상 연도별로 정리한다.

사건의 순서에 맞게 번호를 붙여서 필기하거나 연표로 만든다.

운동 전략

...

초등 **저**학년들의
뇌는
운동을 해야
발달한다

교사로 처음 발령받은 후 선배 교사들에게 자주 들었던 말 중 하나가 "요즘은 공부 잘하는 애들이 운동도 잘한다."라는 것이었다. 이후 9년간 초등교사로 지내보니 그분들의 말씀이 맞았다. 신기하게도 공부를 잘하는 학생들이 운동도 잘하고, 운동을 잘하는 학생들이 대체로 집중력도 높고 학과 성적도 좋은 편이다.

내가 1학년 담임을 맡았을 때, 나를 제외한 동학년 선생님 세 분은 베테랑 교사이자 여러 명의 자녀를 키우는 학부모이기도 했다. 세 분의 경력을 합하면 90년이 넘었는데, 노하우가 필요한 수업이나 교사로서 고민이 있을 때마다 나는 100년의 노하우를 알려달라고 조르곤 했다.

처음으로 1학년 담임을 맡았을 때였다. 학급 분위기가 산만하고 수업에 집중하지 못하는 아이들이 많아 조언을 구했더니 "초등학교 저학년들은 발바닥에 기가 모여 있기 때문에 밖에서 마음껏 뛰어놀고 운동을 해야 친구들과도 덜 싸우고 수업시간에 집중을 잘해."라는 말씀을 해주셨다. 몸을 많이 움직이도록 해야 정서적으로도 안정이 되고 수업시간 40분 동안 집중도 더 잘할 수 있다는 것을 오랜 교직 생활로 체득하신 것이다.

나 역시 운동의 중요성을 절감하고 있기 때문에 우리반 아이들만큼은 운동을 많이 시키는 편이다. 운동을 자주 하다 보니 잘하게 되고, 잘하니까 더욱 즐기게 되는 선순환을 경험할 수 있도록 노력하고 있다. 그래서 아이들이 운동을 꾸준히 하고 그 과정을 즐길 수 있는 학급 분위기를 만들려고 애쓰는 편이다. 성적이 많이 오른 아이도 칭찬하지만 2단 줄넘기에 성공한 아이들에게도 진심어린 칭찬을 아끼지 않는다. 체육 전담 교사가 따로 없는 학년의 담임을 맡았을 때는 몸이 아파서 링거를 맞을 때조차 체육수업은 빠지지 않고 진행할 정도였다.

이렇게 운동을 강조하게 된 것은 운동을 했을 때와 하지 않았을 때의 차이를 교실에서 직접 느끼기 때문이다. 피치 못할 사정으로 아이들에게 운동할 시간을 많이 주지 못한 날이면, 학생들의 수업 집중도는 현저히 떨어지고 교실에서의 다툼도 잦았다. 특히 남자아이들의 경우 승부욕이 강하기 때문에 이런 에너지를 운동으로 풀어줘야만 친구들과의 싸움을 예방할 수 있다. 또한 스포츠 활동을 통해 승부욕을 자극하는 상황을 만들어주면 학습 성취욕도 높아지고 더불어 긍정적인 의욕이 강해지는 것을 직접 느낄 수 있었다.

학원 스케줄보다 운동 포트폴리오를 먼저 짜라

우리나라에서는 초등학교 때부터 입시를 위한 학과 공부에만 몰입하고 운동을 등한시하는 경향이 크다. 반면 교육 선진국에서는 초중고등학교의 체육수업이 체계적으로 연계돼 있고 교사와 부모 모두 운동의 중요성을 인정하고 있다. 핀란드에서는 체육 수업을 학생의 기본권으로 정해놓을 정도라고 한다.

성장기 아동의 경우 운동을 하면 특히 면역체계가 강화되고 성장발육에도 큰 도움이 된다. 뿐만 아니라 두뇌발달에도 도움이 되고 학습 능력까지 좋아진다. 운동을 하면 뇌의 시냅스를 더 많이 생성시켜서 기억력이 향상되기 때문이다.

하버드 의대 존 레이티 교수는 여러 저서를 통해 체육 수업의 긍정적인 효과를 강조해왔다. 미국의 고등학교에서 정규 수업이 시작되기 전 0교시에 체육 수업을 했더니 학생들의 학습 능력이 17퍼센트 향상됐으며, 규율 위반으로 징계를 받은 비율이 이전 학기에 비해 83퍼센트나 감소했다고 한다. 그는 운동을 통해서 학생들의 두뇌를 학습에 적합한 깨어 있는 상태로 만들 수 있고, 뇌기능을 최대한 발휘하게 할 수 있다고 했다.

《공부는 내 인생에 대한 예의다》의 저자 이형진 군도 자신이 SAT Scholastic Aptitude Test, ACT American College Test에서 만점을 받은 비결로 제일 먼저 체력을 꼽았다.

누군가 나에게 SAT, ACT 만점의 비결을 묻는다면, 나 역시 첫째로 체력관리를 꼽을 것이다. 사실 가장 기본적이고 당연한 사항인데, 의외로 많은 친구들이 컨디션 조절을 못해서 시험을 망친다. 특히 동양계 학생들의 경우 어릴 때는 월등히 뛰어난 실력을 발휘하다가도 시간이 갈수록 점점 뒤처지는 경우가 많은데, 바로 체력싸움에서 밀리기 때문이다. 반면 아주 어릴 때부터 스포츠로 체력을 단련시켜온 미국 아이들은 공부의 양이 많아지고 공부시간이 늘어나도 쉽게 지치지 않는다.

내가 우리반 학생들에게 운동을 강조한 것은 뇌의 메커니즘을 정확하게 알기 전부터였다. 그러다가 공부법과 뇌과학 관련 책을 읽어나가며 운동이 '단순한 몸의 움직임'이 아님을 알게 됐다. 이후에는 학부모님들께 운동을 꾸준히 할 수 있도록 지도해달라고 부탁한다. 나만큼 운동에 관심이 많으신 어머님들께는 직접 운동 포트폴리오까지 짜드린 적도 있다.

내가 생각하는 운동 포트폴리오는 성장단계에 맞춘 처방전과 비슷하다. 즉, 초등학교 저학년 때는 사회성을 기르고 신체 게임도 병행할 수 있는 태권도, 고학년이 되면 키 성장에 좋고 안전교육에 필수인 수영, 중고등학교 때는 집중력에도 좋고 운동량이 많은 검도 그리고 여가시간을 활용해 축구, 농구와 같은 구기 종목을 시켜야 한다고 생각한다.

우리나라에서는 좌뇌 편향적인 교육 때문에 운동의 중요성이 간과되고 있는 실정이다. 하지만 학부모 상담을 하다 보면 자녀 교육에 관심이 많은 학부모님일수록 자녀가 하루에 1시간 정도는 운동을 할 수 있도록 이끌어주고 있었다. 그런 가정에서는 주말마다 등산, 배드민턴, 인라인, 자전거 타기 등 가족이 함께할 수 있는 운동을 즐기고 있었으며, 일기장 속에서 가족들이 다 함께 운동하는 모습이 자주 등장했다.

'몸'을 써야 뇌가 발달한다

초등학교 교사로 오랫동안 재직하셨지만 젊을 때부터 운동과 대체의학에 관심이 많아 체육학 석사에 이어 박사과정까지 이수하신 박성준 선생님을 만나 운동에 대한 이야기를 나눴다. 박 선생님은 50대 후반임에도 초콜릿 복근을 소유하신 데다 각 분야에서 두각을 나타내는 자녀를 둔 멋진 중년이셨다.

"저는 부모님들께 이렇게 조언합니다. 아이들에게 공부하라고 잔소리하지 마시고 규칙적으로 운동을 하게 도와주라고요. 책상 앞에 앉아 있다고 좋은 점수를 받는 게 아니에요. 오랜 시간 공부만 하면 뇌에 혈액과 산소가 부족해져 쉽게 피로해지고 집중력도 떨어집니다. 공부하느라 쌓인 스트레스와 뇌의 피로를 풀어줄 수 있는 게 바로 운동이에요. 규칙적으로 운동을 하면 자신의 몸과 마음을 다스릴 수 있는 힘을 갖게 되죠. 도전정신과 승부욕도 생기는데 이는 자연히 학습 능력에도 긍정적인 영향을 미칩니다. 그래서 운동 잘하는 아이가 대체로 공부도 잘하는 겁니다. 집중력과 몰입도가 다르니까요. 고학년에 올라갈수록 더 큰 에너지가 필요하기 때문에 운동은 필수과목이에요. 아무리 좋은 보약과 음식을 먹어도 운동하지 않으면 몸과 마음이 빨리 지치고 면역력도 떨어집니다."

학교에서 체육 전담 교사로서의 경험이 풍부한 박성준 선생님께 뇌발달뿐 아니라 성장을 위해 도움이 되는 운동에 대한 조언도 구했다. 박 선생님은 지면과 수직이 되는 방향으로 점프를 하는 줄넘기와 농구가 성장호르몬 촉진에 큰 도움이 되고, 남학생이라면 친구들과 어울려 하는 구기 종목이 에너지를 발산해서 정서적으로 안정을 되찾는 데 도움이 되는 운동이라고 추천해주셨다.

《영재를 만드는 기적의 뇌 공부법》의 저자이자 뇌훈련 전문가인 김동

하 선생님께서도 특히 초등 학부모님들께 운동의 중요성을 강조한다고 하셨다.

"운동은 뇌훈련을 하기 전에 뇌를 깨우는 워밍업입니다. 몸 전체의 신경망을 활성화시켜 뇌를 깨우는 역할을 하죠. 그러나 학교에서는 입시에 치중하다 보니 체육 수업이 등한시되는 경우가 허다합니다. 아이들도 사교육 때문에 운동할 시간이 없고 여가시간이 생기면 스마트폰으로 게임하느라 바빠요. 이럴수록 운동을 시켜야 합니다. 요즘은 학교에서도 그런 취지를 공감해서 운동을 중요시하기 시작했습니다. 좋은 예가 하나고등학교입니다. 하나고등학교에서는 한 학생이 한 종목의 운동에 특기를 갖도록 지도하고 있어요. 민족사관고등학교도 운동을 통해 체력과 학업 성취도를 높이고 있습니다. 부모님들도 주말엔 아이들과 함께 운동하는 시간을 꼭 가지셨으면 좋겠습니다."

사람은 약 140억 개의 뇌세포를 가지고 태어나는데 이 수에는 변화가 없다고 한다. 단지 신경세포의 연결, 즉 시냅스가 일생 동안 계속해서 발달하고 자랄 뿐인데 시냅스가 많이 발달할수록 두뇌가 활성화된다. 오감자극과 운동은 그러한 시냅스를 발달시키는 데 결정적인 역할을 한다. 유산소 운동은 뇌세포 간의 연결을 강화하고, 시냅스를 더 많이 생성해서 연결망을 확장해주며, 해마에서 생성된 새로운 줄기세포들이 분열하고 제 역할을 잘할 수 있도록 도움을 준다. 그래서 운동을 하면 뇌의 구조적인 변화가 일어나 학습능력, 기억력, 최고인지기능이 개선되는 것이다.

그렇다면 뇌를 발달시키는 데 가장 좋은 운동법은 무엇일까. 바로 유산소 운동과 규칙이 있는 게임형 운동을 섞어서 하는 것이다. 쥐를 대상으로 실험한 결과, 달리기만 한 쥐의 소뇌는 운동 전후에 별다른 변화가 없었지만 평균대, 고무줄로 만든 사다리 위를 걷는 등 기구를 이용한 복합적인 운동을 한 쥐의 소뇌에서는 신경세포 성장인자가 35퍼센트 늘었다고 한다.

그런데 초등 저학년 때는 인지적 학습을 관장하는 전전두엽이 온전하게 발달하지 못한다. 전전두엽은 13~14세가 되어야만 발달하기 때문에 초등 저학년 때는 학습을 관장하는 뇌를 과도하게 발달시키려고 하기보다 '사회성 뇌'를 발달시키는 것이 더 효율적이다. '사회성 뇌'의 발달은 부모와 스킨십이 많은 신체놀이를 통해서도 가능하다. 아빠와 함께하는 술래잡기, 배드민턴, 씨름, 레슬링도 좋다. 엄마와는 음악을 틀어놓고 스트레칭과 같은 맨손체조를 함께 해도 좋다. 가족과 함께 하는 모든 활동들이 뇌발달에 좋은 '게임형 운동'이 된다.

아이와 함께 공부하고 책 읽는 것이 힘든 부모라면 최소한 운동이라도 함께 해주는 게 좋다. 운동으로 인한 몸의 움직임은 소뇌를 활성화시키고, 소뇌의 활성화는 대뇌피질을 활성화시켜 소뇌의 사고기능에 큰 역할을 한다. 운동을 함께 해주는 것만으로도 장기적으로 학습과 체력에 큰 도움이 될 것이다. 부모 세대에는 '의자왕이 학력왕'이라는 의식이 지배적이었지만, 이제는 그런 착각에서 벗어나야 할 때다.

영어 전략

...

영어,
조금 늦게 시작하더라도
더 멀리 가는
방법

"왜 영어공부를 해야 하는 걸까?"

영어 전담 교사를 할 때 교과 수업만큼 강조해온 것이 바로 '동기유발'이다. 3, 4학년은 원어민과 함께 대화를 하는 것만으로도 영어학습의 동기유발이 된다. 그리고 학교수업이 쉽기 때문에 즐겁게 따라와준다. 문제는 5, 6학년들이다. 학원에서 주입식 영어교육에 지치고 영어 단어를 기계적으로 외우는 것에 염증을 느낀 아이들은 영어수업 자체를 싫어한다. 영어수업이 시작되면 만사 귀찮다는 표정을 짓는 아이들이 꽤 있다.

그래서 나는 수업 첫 시간에 늘 '왜 영어공부를 해야 하는지' 질문을 던진다. 교육부에서 제시하는 초등 영어교육의 목표는 의사소통 함양, 그리고 스토리를 이해하고 정보를 얻는 것이다. 하지만 이런 설명은 아이들에게 전혀 동기부여가 되지 않는다. 아이들이 영어공부가 하고 싶어지는 순간은 자신이 좋아하는 것과 연관됐을 때다.

부모님과 해외여행을 가서 스스로 맛있는 음식을 주문하거나, 외국인 친구와 영어로 대화를 나누고 싶어질 때, 혹은 좋아하는 영화의 대사를 흉내내면서 영어를 배우고 싶어한다. 남학생들에게는 단연 스포츠다. 축구를 좋아하는 친구는 박지성, 손흥민 선수의 영어 인터뷰 모습을 보고 영어를 열심히 공부하고 싶다는 생각을 할 수 있다. 만일 야구를 좋아하는 친구라면 메이저리그 경기의 영어 해설 내용에 대한 궁금증이나 류현진 선수의 인터뷰 모습에 대한 동경심이 영어에 대한 흥미로 이어질 것이다. 이런 세계적인 선수들의 인터뷰 동영상을 보여주면 남학생들의 눈은 금세 반짝인다. 이처럼 영어를 잘하고 싶은 이유부터 스스로 깨닫게 하고 내적 동기를 만들어주면 수업 분위기는 확실히 달라진다.

한글 먼저, 영어 동화책 읽기, 등교 전 낭독 연습

영어 교과 전담 교사를 3년이나 했음에도 나 역시 엄마의 마음으로 영어교육에 대해 진지하게 생각해본 적이 없었다. 그래서 몇 분의 영어전문가 선생님들을 만나 학부모님들이 궁금해하는 것들을 여쭤봤다. 가장 먼저 만난 분은 '수업우수교사'를 거쳐 지금은 수석교사이신 황지현 선생님이다.

황 선생님은 교육청 지원으로 아이 둘과 함께 국비교사유학프로그램을 마치고 돌아오셨다. 2년간 미국 아리조나 주립대Arizona State University에서 영어과 교수법 석사과정을 공부하는 동안 두 아이도 미국의 학교를 다녔다. 첫째인 딸은 초등학교 4, 5학년 과정을 미국에서 마쳤고, 둘째인 아들은 유치원과 초등학교 1학년 과정을 미국에서 마쳤다.

황 선생님의 영어 교수법만큼이나 궁금한 건 두 자녀의 영어교육법이었는데, 역시나 선생님은 다양한 교육법을 고안해 시도해오셨다.

"영어교사이자 두 아이의 엄마이기에 영어교육법만큼은 참 많이 고민하고 다양하게 실천해봤어요. 그런데 결론은 영어책 읽기만한 게 없었어요. 딸의 경우 그 효과를 톡톡히 봤습니다. 영어 동화는 제가 먼저 읽은 후 아이와 함께 읽었고, 영어 독후 기록장도 아이 혼자 쓰게 하지 않았어요. 저와 주고받는 영어 감상 일기를 썼습니다. 혼자 쓰게 하면 숙제가 돼버리기 때문에 아이가 금세 지겨워합니다. 이점에서 아쉬운 건 아들이에요. 아들의 경우 그림이 없는 챕터 영어 동화의 단계에 가서는 제가 너무 바빠지면서 같이 읽어주지 못했는데 그게 가장 후회됩니다. 두 아이의 영어 실력 차이도 거기서 온 것 같아요."

선생님은 초등 고학년까지 영어에 흥미를 잃지 않고 꾸준히 실력을 쌓아가는 아이들의 공통점도 바로 영어책 읽기라고 거듭 강조하셨다. 학원에서 주입식으로 영어학습을 해온 아이들은 일정 시기가 되면 지쳐버리지만 영어책을 꾸준히 읽어온 아이는 지적 호기심이 풍부해서 스스로 알아서 영어를 공부한다는 것이다. 그래서 엄마와 아이가 함께 읽을만한 영어동화책을 추천해달라고 부탁드렸다.

"좋은 동화는 감동이 있어요. 상상력을 자극할 뿐만 아니라 스토리 즉, 맥락과 상황이 있기 때문에 읽는 재미도 있고 언어 학습에도 큰 도움이 됩니다. 단순히 영어 문장 암기를 위한 교재는 스토리가 없어서 아이들이 읽는 재미를 못 느끼고 금세 싫증을 냅니다. 그리고 영어책 읽기는 그림 동화로 시작하는 게 좋습니다. 다 알아듣지는 못해도 그림으로 상황과 맥락을 이해할 수 있고 이미지가 머릿속에 남아서 오래 기억되니까요. 영어 동화는 세트로 구입하지 마세요. 영어 전문 서점에 가서 아이들이 좋아하는 책부터 구매하고, 차근차근 읽어나가며 책을 늘여가는 게 좋습니다. 칼데콧, 뉴베리 등 수상작 위주로 권하는 것도 방법이에요."

영어수업 때 아이들을 가르쳐보면 실생활 속 '의미 있는 대화'에서 습득한 문장들은 잘 잊지 않는 경향이 있다. 그러므로 동화처럼 스토리상의 맥락과 상황 속에서 이해하고 암기하는 것은 더욱더 뇌리에 오래 남을 수밖에 없다.

황 선생님은 영어 동화책 읽기 외에 '낭독 연습'도 강조했다. 특히 등교 전 10분, 15분의 시간을 활용하는 정도라 해도 매일 꾸준히 하는 게 중요하다면서 딸의 사례를 들었다. "지금 우리 딸은 고 3이에요. 새벽에 일어나서 영어 방송을 듣고, 전화 영어를 20분간 합니다. 남들이 다 자고 있는 시간에 일어나서 30분간 영어공부를 하는데, 그걸 3년째 하고 있어요. 학원은 가지 않습니다. 초등학생 때부터 아침에 조금 더 일찍 일어나서 영어 낭독 연습을 하던 습관 덕분이라고 생각해요. 매일 아침밥을 먹듯이 영어공부도 자연스런 습관이 된 거죠."

낭독의 효과를 설명하기 위해서는 시각적인 자극과 소리 자극이 뇌에 미치는 차이를 이해해야 한다. 눈으로 보는 것은 뇌의 전두엽에만 영향을 미치지만, 소리 자극은 뇌 전체에 영향을 미친다. 이처럼 사람의 뇌는 소리에 더 민감하게 반응한다. 이를 바탕으로 보면 예전 서당에서 공부할 때 소리를 내 반복해서 읽는 것은 매우 효과적인 학습법임을 알 수 있다. 영어학습에 있어서도 반복해서 소리 내 읽기를 하다 보면 문법에 의존하지 않아도 주어와 서술어, 수식어 덩어리를 구분할 능력이 생긴다는 연구 결과도 있다. 이 능력은 독해로 전이돼 읽기 능력을 크게 향상시킨다. 또한 책을 소리 내서 읽으면 귀로도 내용이 들려 마음속으로 읽는 것과 달리 두 번 읽는 효과가 나타난다고 한다.

엄마들의 필요한 극성, 말리고 싶은 극성

황 선생님을 비롯해 세 분의 영어 교과 선생님께 영어 실력이 탁월했던 제자들의 사례를 여쭤봤다. 그중에는 영어유치원을 거쳐 철저한 사교육으로 영어 실력을 다진 아이들도 있지만, 특히 주목할만한 아이들은 엄마표 영어학습으로 실력을 다져오고 있었다.

"시골학교에 근무할 때 학교교육 외에 다른 사교육 없이 동화책을 많이 읽게 한 학부모가 있었어요. 그 어머님은 학교에서 운영하는 영어 방과 후 수업을 꾸준히 시키면서 등교 전에는 30분간 온라인 영어회화시험인 ESPT를 준비시키셨어요. 방과 후 수업과 영어책 읽기, 등교 전 영어 공부로 6학년 때는 지역자치단체에서 주관한 대회에 나가 3등을 해 미국 보스턴대학 어학연수도 다녀왔죠."

"한 어머님은 '아침 등교 전 CD 듣기와 오후 일과 중 영어공부시간 확보, 낭독 연습' 이 세 가지를 철저히 지키면서 바로 윗집 외국인 부부에게 거의 애를 맡기다시피 하셨어요. 아이들에게 외국인 부부는 이웃집 이모, 삼촌이 된 거죠. 그렇게 하니 영어가 저절로 늘었대요. 물론 애들 성격도 한몫 했어요. 밝고 명랑하고 말하기를 좋아했으니까요. 저도 그 아이들을 만나면 영어로 말하게 될 정도랍니다."

"저희 반에 영어 실력이 출중한 아이가 있었는데 학교생활 전반이 모범적이었어요. 그 아이 어머님과 상담을 하면서 아이의 영어 실력을 칭찬하며 비결을 물었죠. 그랬더니 '복습'이라고 하시더군요. 언어는 복습이 관건이라며 학교와 학원에서 배운 것은 그날 반드시 집에서 다시 살펴보는 시간을 갖게 했다는 거예요. 또 한 가지, 초등학교에 입학한 후로는 아이와 함께 생활 계획표를 짜고 체크리스트를 만들었대요. 저학년 때는 엄마가 점검해줬지만 5학년이 되면서는 스스로 생활계획표, 타임테이블, 체크리스트까지 재밌게 만들어 실천하더래요."

이 사례의 공통점은 엄마의 극성이다. 그런데 이 부모님들의 극성에는 공통점이 있다. 엄마 마음대로 이것저것 시키지 않고 아이가 좋아하는 방식을 골라 꾸준히 시켰다는 것이다. 선생님들은 영어를 늦게 시작하는 걸 두려워하지 말고 꾸준히 하지 못하는 걸 두려워해야 한다며 엄마들의 이런 노력은 꼭 '필요한 극성'이라고 강조하셨다.

그렇다면 말리고 싶은 극성도 있을 것이다. 교사 모임에서 만난 분당의 한 초등학교 선생님은 1학년 담임을 할 때의 경험담을 들려주셨다. 몇 해 전만 해도 영어유치원 출신들이 그다지 많지 않았는데 그중 유독 한 아이가 매사 심드렁했다고 한다. 영어유치원을 3년 동안 다녔고 당시에도 학원에 다니는 아이였는데 예체능을 비롯한 모든 수업과 학교생활 자체에 의욕이 없었다. 그래서 어머님과 상담을 하면서 걱정스러운 마음을 이야기했더니, 어머니는 아이의 학교생활보다는 학습이 뒤처지는 것만 불안해하더란다.

"아이의 한글 습득 수준을 살피고 조금씩 흥미를 느끼게 하면서 영어 학습의 적기를 찾아야 하는데 그런 노력은 안 하고 무작정 극성만 부리는 어머님들이 있어요. 그런 아이를 보고 있으면 정말 안타까워요. 영어 유치원이 즐겁지 않았기 때문에 학교생활도 흥미가 없는 거죠.《엄마학교》 저자인 서형숙 선생님께서는 양육지침으로 '살펴라'를 강조하시잖아요. 정말 중요한 말씀이라고 생각해요. 잘 살피면 내 아이한테 지금 필요한 게 뭔지 알 수 있어요. 극성도 타이밍을 잘 잡아야 효과가 있답니다."

한글 습득 수준을 보고 영어학습의 적기를 찾아라

현재 초등교육에서 정규 영어수업은 3학년 때부터 시작된다. 교육부에서는 모국어를 제대로 습득한 후 외국어를 습득해야 효과를 거둘 수 있다는 판단하에 3학년을 적정 시기로 정했는데, 일선 교사들도 이에 대해서는 의견이 분분하다. 유아들의 영어학습 시기가 2년 정도 빨라지면서 현실과 맞지 않다는 비판도 많다. 그렇다면 영어학습의 적기는 언제일까?

황지현 선생님은 초등 1학년부터가 보편적으로 적기라고 하셨다. "초등학교 1학년이 영어를 시작하기에 적당한 시기라고 봅니다. 아이들의 인지능력, 이해도를 감안한다면 4세 이후부터 꾸준히 영어에 노출을 해주되 이때는 영어를 놀이처럼 접근해야 합니다. 언어의 음운 구조 파악은 네다섯 살 무렵에 이뤄지기 때문에 이 시기에는 모국어를 완전히 배우고, 일곱 살 즈음부터 외국어를 배우는 것이 좋아요."

황 선생님의 말씀을 토대로 연령별 영어학습 단계를 정리해봤다.

- 3~4세 : 모국어 노출, 영어 놀이 프로그램 시청, 가벼운 영어 독서 자극
- 5~7세 : 모국어 노출, 영어 비디오 시청, 영어 동화책 읽기, 대화로 언어 자극 주기
- 8~10세 : 모국어가 자연스러운 시기이므로 영어학습에 비중 두기, 간단한 문장을 익히고 대화하기
- 11~13세 : 다양한 독서를 통해 어휘력을 향상시키는 시기. 문장을 읽고 이해하며 리딩 능력 키우기

영어만큼 학년 차이보다 개인의 차이가 큰 교과도 없다. 초등학교 1학년이지만 교사보다 영어회화 실력이 우수한 아이도 있고, 6학년이지만 기본적인 인사말 외에는 입을 떼지 못하는 아이도 있다. 이런 이유로 교실에서 수업하기 제일 고민스러운 과목이 영어이기도 하다. 몇 살부터 영어공부를 시킬 것인지, 어떤 교재로 공부를 시킬 것인지는 아이들의 능력과 특성에 따라 부모가 선택해야 할 문제다. 그렇지만 초등학생들의 영어교육에 있어 가장 중요한 것은 '재미'와 '지속성'이다. 재미가 있으면 아이들은 시키지 않아도 스스로 하게 된다.

지속적인 학습을 위해서는 재미가 필수인데, 반대로 꾸준히 공부하다가 재미를 붙이기도 한다. 그래서 시기나 방법상의 문제보다 이 두 가지

가 더 중요함을 강조하는 것이다. 옆집 아이와 비교해 더 빨리 시작하지 못한 것을 한탄스러워할 필요가 없다.

영어 동화책 읽어주기의 경우, 영어 발음에 자신이 없어 주저하는 학부모들이 많다. 그러나 CD를 들려주면서 함께 따라 읽고, 주요 표현으로 대화를 나눈다면 부모의 영어 발음은 그다지 문제가 되지 않는다. 중요한 것은 어떤 학습방법이든 매일 꾸준히 하면서 아이 스스로 즐길 수 있는 수준까지 이르도록 하는 것이다.

국어 전략

····

초등 저학년,
국어공부가
가장중요한 이유

"요즘 1학년 중에는 한글을 모르는 아이가 없다던데요."

어머니들 사이에 떠도는 이 '카더라 통신'은 사실이다. 지역에 따라 조금 다를 수는 있지만 한글을 읽지 못하는 아이는 한 반에서 10퍼센트 미만이다. 실정이 이러하니 다수를 대상으로 수업을 진행하는 교사들은 국어시간에 자음이나 모음을 가르치는 데 많은 시간을 할애하기 어렵다. 그렇다면 학교에 보내기 전에 한글을 어느 정도 익히도록 해야 할까.

대부분의 부모들이 대세에 따라 한글 읽기 정도는 익혀서 학교에 보낸다. 그래서 책을 읽는 것은 별다른 문제가 없고 받아쓰기도 겹받침 쓰기 정도를 혼란스러워하는 정도다. 물론 띄어쓰기와 맞춤법은 대개의 아이들이 힘들어한다. 만약 한글 선행학습을 시키고 싶다면 이 정도가 적당하다. 스스로 책을 읽을 수 있되 난이도가 있는 맞춤법은 학교 수업시간에 보충할 수 있도록 말이다.

다만 받아쓰기에서 유독 점수가 낮은 아이들이 있는데 그중 소심한 아이는 국어수업 전반에 자신감을 잃기도 한다. 저학년의 경우 받아쓰기 점수를 통해 공부에 자신감을 갖는 아이들이 있으니 너무 낮은 점수를 받지 않도록 집에서도 관심을 기울여주는 것이 좋다.

한글 선행학습도 어디까지나 아이의 즐거운 학교생활과 자존감을 위해서 도움이 되는 선에서 해야 한다. 현재 아이가 일곱 살 정도라면 자신이 입학할 학교의 1학년 필독서^{학교에 따라 없는 경우도 있다} 정도를 읽고 이해할 수 있을 정도면 적당하다. 그 책에 나오는 모든 단어를 완벽하게 이해할 정도의 국어 능력이 필요한 것은 아니고, 전체적인 맥락과 스토리를 이해할 정도의 수준이면 충분하다.

아이마다 문자 해독 시기가 다르듯, 교육 방식도 달라야 한다

한글을 가르치기에 가장 적당한 시기는 언제일까? 아이가 한글을 배우고 싶어하고, 그 과정에서 배움의 재미를 느낄 수 있는 때다. 함께 길을 걷다가 간판의 글자에 관심을 보이거나 자기 이름을 어떻게 쓰는지 묻고 글자 자체에 관심을 보일 때가 적기다. 그럴 때 자음과 모음을 놀이처럼 익히게 해서 한글을 깨칠 수 있는 책을 하나 선택하고, 그 책으로 매일 조금씩 공부해나가면 된다. 배움 자체에 부정적인 고정관념을 갖지 않도록 한글공부도 재미를 느끼며 시작해야 한다.

그렇다면 선생님들은 자녀의 한글공부를 어떻게 지도했을까? 교과서 《우리들은 1학년》 집필에 참여하신 경험이 있는 수석교사 문지영 선생님께 자녀의 한글공부에 대해 여쭤봤다. 문 선생님은 아이가 유치원에 다닐 때 낱말카드 놀이와 그림책 읽어주기를 통해 자연스럽게 한글을 익히게 했다고 하셨다.

"아이마다 문자 해독 시기가 다릅니다. 부모의 입장에서는 내 아이가 또래 아이에 비해 한글 습득 시기가 늦어질 경우 불안한 마음이 들겠지만, 아이가 한글에 관심을 보이지 않을 때 억지로 가르치는 것은 말리고 싶어요. 그렇다고 마냥 손놓고 있으라는 의미는 아닙니다. 블록 놀이를 하며 자음과 모음 모양을 만들어보고 낱말카드 놀이도 하면서 그림책을 꾸준히 읽어주세요. 중요한 것은 한글에 흥미를 갖게 하는 겁니다."

지금 여섯 살, 아홉 살 아들 둘을 키우고 있는 이선진 선생님은 생활 속에서 아이들이 좋아하는 관심사를 중심으로 자연스럽게 한글 지도를 하라고 조언해주셨다.

"첫째 아들은 책 읽기를 워낙 좋아해서 책을 읽어주면서 자연스럽게 한글과 가까워졌고, 집안에 있는 사물들에 이름표를 붙여가며 깨쳤어요. 근데 같은 형제라도 둘째는 성향이 다르더라고요. 기본적으로 책 읽기에 관심이 없고, 뛰어노는 것에 관심이 많아서 걱정을 조금 했지요. 그런데 본인이 좋아하는 만화 〈포켓몬〉에 나오는 캐릭터 이름을 알려고 애쓰는 과정에서 저절로 한글을 깨쳤습니다. 아이들이 좋아하는 만화 캐릭터나 공룡 이름을 익히면서 한글을 깨쳐나갈 수도 있다는 걸 저도 그때 알았어요. 나중에는 어려운 공룡 이름이나 캐릭터 이름에 고마워하게 됐죠."

이 선생님의 경험담을 듣고 나니 정형화된 한글 교육법보다는 자녀의 기질과 특성에 맞는 방법을 유연하게 선택하는 것이 좋겠다는 생각이 들었다.

받아쓰기를 할 때 아이들이 유독 어려워하는 글자가 있다. 수업시간에 책을 읽다가 이런 글자들이 나오면 박수를 치게 하거나 특정 행위를 통해 쉽게 익힐 수 있도록 도와준다. 예를 들면 '흙, 값, 여덟, 까닭, 맑음, 늙다, 맑다, 앉다, 없다, 밟다, 넓다, 많다, 핥다, 젊다, 닦다, 싫다, 읽다, 잃다, 귀찮다, 끊다, 산기슭' 등이 아이들이 어려워하는 글자들인데, 이 단어가 나올 때는 빨간색 펜으로 동그라미를 그리거나 짧은 글짓기를 해보는 등 특정 미션을 수행하면서 친숙해지도록 하는 것이다. 아무리 국어 실력이 뛰어난 아이들도 겹받침 단어는 헷갈려 하고 받아쓰기에서 틀리는 경우가 많기 때문에 이런 방법이 도움이 된다.

최고의 한글 학습법은 재미있는 책 읽기다

현재 초등학교 1, 2학년 교과서는 2009년 개정한 교육과정을 기본으로 하고 있다. 현 교육과정의 가장 큰 특징은 수학에서도 실생활과 연계된 스토리텔링식 사고력이 중시되고 있다는 점이다. 한글 이야기를 하다가 갑자기 수학 이야기를 하는 이유는 수학에서도 스토리텔링이 중요시되고 있는 만큼 교과 전반에 걸쳐 읽기와 듣기의 중요성이 얼마나 큰지를 설명하기 위해서다.

한글은 그 자체로 학습의 목적이 아니며, 다양한 지식을 받아들이기 위한 기계적인 알고리즘의 하나다. 물론 1, 2학년 때는 집중적으로 익혀야 하는 중요한 과업이지만 결국엔 진정한 공부와 독서를 하기 위한 수단이다. 그러므로 한글공부는 지식 습득을 위한 필수 준비과정이라는 점을 감안해서 지레 겁을 먹거나 지겨운 것으로 여기지 않게 시작하는 것이 중요하다.

아이들의 성향에 따라 다양한 한글 학습법을 고안해볼 수 있겠지만 가장 흥미롭게 문자를 습득하게 하는 방법은 책을 많이 읽어주는 것이다. 책 읽기를 통해 다양한 배경지식을 쌓게 되는 것은 물론이고, 결국 글자에 눈을 뜸으로써 말문이 터지기 때문이다. 요즘 부모님들은 다양한 체험과 프로그램을 경험하게 해주려고 애쓰는 반면 정작 문자 습득을 위한 독서 교육에는 상대적으로 관심이 덜한 편이다.

부모가 아이들에게 재미있고 유익한 책을 많이 읽어주다 보면 아이들은 저절로 책에 관심을 갖는다. 더불어 책에 등장하는 '한글'에 호기심을 보이고 본능적으로 알고 싶어하게 된다. 우리나라 말을 제대로 알고 표현할 줄 아는 것은 굉장히 중요한 일이지만, 언어학자나 국문학자가 될 것이 아니라면 대부분의 학생들은 다른 지식을 받아들이고 자신의 생각을 글로 표현하기 위한 도구로 한글을 배운다. 그렇기 때문에 스트레스를 받으면서 한글을 배우게 된다면 '공부'라는 것 자체가 지겹고 짜증나는 것이라는 선입견이 생길 수 있으니 유의해야 한다.

이스라엘에서는 초등학교 입학식 날, 히브리어 알파벳 22자의 모양으로 과자를 만들어 꿀에 찍어먹는 행사를 한다. 이것은 모든 '배움이 꿀처럼 달다'라는 것을 인식시켜주기 위함이라고 한다. 배움의 첫 단추인 한글공부가 즐거운 일이 될 수 있도록 부모님들이 각별히 신경써줄 필요가 있다.

수학 전략

...

수학이
내 아이의 **발목**을
잡게 내버려두지
않는 법

❄ 수학아, 넌 왜 태어났니? 난 네가 싫어. 너무 어려워. 좀 쉬워지면 좋겠어.

❄ 나는 네가 영어보다도 더 싫어. 수학 너는 없어졌으면 좋겠어.

　너 때문에 기말고사를 망쳤어.

❄ 너 때문에 머리가 아프고 짜증이 나. 네가 사라졌으면 좋겠어.

　우리 다음부터 만나지 말자.

✽ 수학아 안녕? 난 네가 너무 좋아. 반 친구들은 너를 싫어하지만 나는 네

　가 정말 좋아.

✽ 수학아! 난 네가 좋구나. 조금 어렵긴 해도 공식 같은 것을 풀어야 할

　때면 반드시 네가 등장하잖아.

✽ 난 국어보다 널 좋아해. 그리고 더 많이 쉬워. 나는 널 제일 좋아해.

작년에 2학년 담임을 하면서 우리반 아이들에게 '수학'을 친구 이름이라 생각하고 편지를 써보라고 했다. 그런데 1년간 같은 교과서로 같은 선생님과 공부한 학생들의 생각은 이렇게나 달랐다. 이처럼 다른 반응에는 타고난 지능 이외에 또 다른 요소가 있기 때문이라는 생각이 들었다. 그렇다면 "수학이 사라졌으면 좋겠다."라는 아이와 "수학, 네가 정말 좋아."라고 말하는 아이의 차이는 어디서 어떻게 생겨난 것일까?

나는 그 원인 중 하나를 지나친 선행학습이라고 생각한다. 선행학습과 예습은 학습의 동기부여 측면에서도 전혀 다른 것이다. 그럼에도 많은 아이들이 초등 저학년 때부터 학원을 통한 과도한 선행학습에 내몰리다 보니, 수학에 흥미를 느낄 겨를도 없이 질려버리는 것이다.

지나친 선행학습이 내 아이를 '초등 수포자'로 만든다

최근 고학년 교실에서는 초등학교 때부터 수학을 포기한 아이들이라는 의미의 신조어인 '초등 수포자'라는 말이 공공연하게 나돈다. 4학년이 되면 수학도 문장으로 된 문제의 비중이 높아지고, 연산을 기본으로 한 사고력과 독해력이 중시되다 보니 수학을 어려워하는 아이들이 많아진다. 특히 연산훈련에만 집중한 아이들의 경우 성적이 확 떨어져 수학과목 자체에 흥미를 잃고 '수학을 포기'하게 되는 것이다. 중고등학생도 아닌 초등학생이 수학을 포기하는 이유는 무엇일까?

평소 수학 지도에 노하우가 많은 수석교사 양경윤 선생님은 지나친 선행학습이 그 원인 중 하나라고 말씀하셨다.

"요즘은 수학 선행학습을 안 하는 아이들이 드뭅니다. 그런데 선행학습을 한 아이들이 모두 좋은 성적을 거두고 있을까요? 그렇지 않습니다. 왜 그럴까요? 학원가에 만연해 있는 선행학습의 범위는 다음 학년도의 것을 배우는 차원을 뛰어넘습니다. 이런 선행학습은 '수박 겉 핥기식' 문제풀이일 수밖에 없어요. 그러다 보니 아이들은 수학에 재미도 못 느끼고 당연히 성적도 안 오르고, 결국엔 지치게 되는 겁니다. 아이들은 지금 배우는 것도 '정확하게' 알지 못하고, 내년에 배울 것도 '대충' 이해할 뿐이죠. '이해한다'와 '안다'는 분명히 다릅니다. 자신이 정확하게 아는 것과 잘 모르는 것이 무엇인지 파악할 수 있는 능력, 즉 '메타인지'가 됐을 때 비로소 '안다'가 되는 겁니다. 그래야 수학을 잘할 수 있고 재미도 느낄 수 있어요. 그리고 이제는 사고력을 키워야 하는 시대입니다. 단순한 이해보다는 원리를 정확하고 깊이 있게 알아야 하는 거죠."

한 학년 혹은 두 학년 이상의 선행도 당연시되는 요즘 분위기에서 양 선생님의 말씀은 의미심장했다. 학원에서 선행학습을 했음에도 불구하고 수학 성적이 신통치 않고 실수로 문제를 잘 틀리는 아이들은 이 '메타인지'가 제대로 형성되지 않았다는 게 이유 중 하나였던 것이다.

학생들의 수학 시험지를 채점하다가 담임으로서 가장 안타까운 순간은 '실수'로 틀렸을 때다. 양 선생님은 '실수도 실력'이라고 했다. "메타인지에 대해 이야기를 했지만 실수는 정확하게 알고 있지 못하기 때문에 하는 거죠. 그러므로 실수도 실력입니다. 아이들은 교사나 학부모가 설명해주면 그 순간에는 이해하지만 그것은 그저 막연한 이해일 뿐이에요. 정확하게 알고 있지 못하기 때문에 실수를 하게 됩니다."

얼마 전 방영된 화제의 다큐멘터리 〈0.1퍼센트의 비밀〉도 메타인지가 주제였다. 이 프로그램에서는 전국 모의고사 석차 0.1퍼센트인 800명의 학생과 평범한 학생 700명, 이렇게 두 그룹으로 나눠 결정적인 차이점에 대해 심층적으로 연구했다. 연구 결과 상위 0.1퍼센트에 해당하는 학생들이 IQ가 더 높은 것도, 부모의 경제력이 더 뛰어난 것도 아니었다. 두 그룹의 차이는 '메타인지'에 있었다. 쉽게 말해서 메타인지란 인지 위의 인지, 진짜 지식과 가짜 지식을 구분하는 능력이다. 학교 현장에서 살펴봐도 메타인지 능력이 뛰어난 아이들은 자기주도력이 높고 성적도 좋은 편이다. 자신이 무엇을 알고 무엇을 잘 모르는지에 대한 자각이 있어야 진정한 학습이 이뤄지기 때문이다.

그렇다면 메타인지를 높이기 위해서는 어떤 노력을 해야 할까? 교사나 부모의 설명만 듣고 "알 것 같다."라고 말하는 아이에게 직접 설명해보는 기회를 끊임없이 줘야 한다. 온전하게 이해가 되지 않으면 설명하는 것은 불가능하다. 그래서 시험 기간이 되면 나는 '사부님 놀이'를 한다. 조금 더 잘 이해하고 있는 학생이 친구에게 사부가 돼 설명할 기회를 갖는 것이다. 설명을 들은 학생은 친구 사부님 혹은 이해를 못한 또 다른 친구에게 설명을 한다. 그 모습을 지켜보고 있으면 어떤 학생이 정확하게 알고 있고 어떤 학생이 잘 모르고 있는지를 금세 파악할 수 있다.

가정에서도 학습지와 문제집만 주구장창 풀기보다는 자신이 푼 문제를 엄마에게 설명해보도록 유도해보자. 이때 아이가 잘 못한다고 해서 "정신 똑바로 차려." "거봐, 헛공부했네."라고 말해서는 안 된다. 그렇게 지적을 하거나 부정적인 피드백을 하면 다시는 설명하지 않으려 할 것이다. 잘 못할 때는 기다려주고 설명을 잘할 때는 칭찬해줘야 한다. 특히 사부님 놀이는 시험 전날, 평소 자녀가 자주 틀리던 문제의 유형으로 해보면 성적 향상에 도움이 될 것이다.

초등 수학, 연산만 잘하는 게 더 문제다

학생들의 수학 시험지를 채점하다 보면 연산과정에서 실수를 해서 틀린 경우를 종종 볼 수 있다. 역시 수학을 잘하기 위해서는 연산훈련이 꼭 필요하다는 생각을 했는데, 양 선생님은 오히려 '연산만 잘하는 게 더 문제'라고 하셨다.

"초등학교에서 배우는 연산은 기초적인 부분이 더 많고, 이는 학년이 올라가면서 결국 해결되는 영역입니다. 가장 큰 문제는 저학년 때 연산훈련에만 집중해서 연산시냅스만 발달하는 것입니다. 그렇게 되면 좀더 난이도가 높은 문제가 나올 때, 사고력 훈련이 부족한 아이들은 아예 식을 세울 수도 없고 그 문제를 어떻게 해결해나가야 할지 실마리조차 찾아내지 못합니다. 수학시험에서 아이가 식은 다 맞고 연산만 틀렸다면 나무라거나 질책하지 말아주세요. 공식을 세울 수 있었던 사고력에 대한 칭찬을 아끼지 않아야 합니다. 그래야 더 많이 생각하고 노력하게 됩니다."

물론 연산훈련이 수학 공부의 기본이기는 하다. 하지만 양 선생님이 강조하는 것은 수에 대한 개념을 배우기 시작할 때 단순한 덧셈, 뺄셈, 곱셈, 나눗셈 즉 사칙연산을 익히는 것에만 집중해서 가르치면 수학적 사고의 발달이 더뎌진다는 것이다. 초등학교 입학 전이나 1학년의 연산훈련법도 학습지에 의존해서 숫자만으로 익힐 필요가 없다.

"단순히 숫자로만 연산 연습을 하는 것보다 수를 이미지화하는 것이 우뇌를 자극하는 데 좋습니다. 수를 좀더 직관적으로 이해함으로써 연산이 더 자연스럽게 이뤄지고 수학에 대한 즐거움도 느낄 수 있으니까요. 예를 들면 바둑돌을 가지고 덧셈을 하거나, 계란판 위에 바둑돌을 넣으면서 덧셈 뺄셈을 익히면 수를 5개씩 묶어 구분하기도 하고 10진법을 자연스럽게 습득하게 되기도 합니다. 숫자 5를 1과 4, 2와 3으로 가르기만 할 것이 아니라 바둑돌이나 계란판 위에서 이미지화된 수 가르기로 익혀두면 수학 공부에 훨씬 큰 도움이 됩니다."

양 선생님께서 계란판을 이용해 재미난 수학수업을 하는 모습을 보고 반성한 기억이 있다. 집에서 부모님이 아이들과 수학공부를 할 때도 바둑알, 방울토마토, 아몬드 등 구체물로 연산훈련을 하면 재미난 놀이수학을 할 수 있다. 이런 이미지 학습은 아이들에게 가르기와 모으기를 통해 수의 양적 개념을 정확히 이해시킬 수 있고 어려운 연산도 빠르게 풀어낼 수 있는 힘을 길러준다. 가령, 10이란 숫자는 1과 9의 합으로도 이뤄지지만 2와 8, 3과 7의 합으로도 표현되는 숫자임을, 직접 구체물을 나눠보는 활동을 하면서 익히기 때문이다. 그리고 이는 중학교 때 배우는 인수분해의 기본이 된다.

초등학교 때부터 수학을 포기하지 않게 하려면

쉬는 시간에 아이들이 무거운 표정으로 가방에서 무언가를 꺼내면 십중팔구 수학 학습지다. 학습지 선생님이 오는 날에는, 미리 숙제를 해놓지 않았다는 엄마의 폭풍 잔소리를 피하기 위해 쉬는 시간에 학습지 숙제를 하는 아이들이 많다. 그런데 대개 그런 아이들은 수학에 큰 관심도 없고 성적도 신통치 않은 경우가 많다. 간혹 이런 아이의 학부모님과 상담을 할 때면, 학습지를 끊는 게 어떻겠느냐고 여쭤보기도 한다. 그러나 학습지를 끊는 것 외에 다른 대안을 제시해드리지 못하는 게 마음에 걸렸다. 그래서 양 선생님께 조언을 듣고 싶었다.

"방문 선생님이 오는 학습지의 단점은 아이들이 일주일 동안 스스로 공부를 했음에도, 선생님이 제시한 학습량에 맞추려고 하기 때문에 숙제라고 여기게 된다는 점입니다. 그러다 보면 하기 싫어지게 돼요. 반면 직접 선택한 학습지를 스스로 정한 양만큼 하다 보면 두뇌 활성화나 학습의 완성도가 더 올라가게 됩니다. 그런 이유 때문에 학습지를 너무 오래 한 아이들은 과도한 숙제에 치였다는 생각을 하게 되고, 본인도 모르게 학습에 흥미를 잃게 되는 경향이 있습니다. 물론 학습지를 하다 보면 연산능력은 강화될 수 있어요. 그런데 연산능력은 놀이를 통해서도 충분히 익힐 수 있으니 학습지에만 의존할 필요가 없습니다."

놀이수학을 몸소 실천하고 계신 선생님의 말씀인지라 좀더 구체적인 설명이 듣고 싶었다. 수학수업을 하다 보면 진짜 숫자에 약한 아이들이 있다. 이런 경우 어떻게 지도해야 할지 고민이 많기 때문에 올바른 연산 교육법에 대해 여쭤봤다.

"숫자에 약한 아이일수록 우뇌를 활용한 연산을 익혀야 합니다. 놀이를 통한 연산 말입니다. 앞서 이미지 수학에 대해서도 말씀드렸지만, 이런 아이들에게는 가게야마 교수의 '백칸 계산법'을 추천하고 싶습니다.

백칸 계산법은 가로 세로 10칸씩 총 100칸을 만들어서 좌표처럼 가로와 세로가 만나는 숫자를 주어진 연산에 맞게 답을 적는 것입니다. 매일 같은 시간에 이 문제를 풀고 소요시간을 적게 하는데, 매일 반복하다 보면 연산 시냅스가 강화되고 문제를 푸는 속도가 빨라지고 정확도도 늘어납니다. 8칸, 10칸, 12칸 공책으로 칸을 만들어서 할 수 있는데 수에 대해 인식이 부족한 학생은 8칸 공책으로 시작하면 좋습니다. 가로 세로 첫 줄은 문제의 숫자를 적기 때문에 각 7칸으로 7×7=49칸이 만들어집니다. 49칸으로 사칙연산을 각각 2주 이상 실시하는 것이 좋습니다. 백칸 계산법은 관련 책들도 많으니 참고하시기 바랍니다."

저학년의 연산훈련법 외에 고학년 수학학습과 관련한 질문도 드렸다. 바로 수학 오답노트에 관한 질문이다. 수학적 사고력 측면에서 보면 오답노트는 큰 의미가 없을 것 같지만, 똑같은 실수를 반복하지 않게 하려면 필요할 것도 같아 늘 고민하고 있었다. 나뿐 아니라 학부모님들도 같은 고민을 하고 있을 것이다.

"초등 4학년 이하의 학생들에게 오답노트를 강요하는 건 반대입니다. 고학년 학생들에게도 권하고 싶진 않습니다. 그 또한 숙제일 뿐이에요. 예전에 저도 아이들에게 오답노트를 만들어오라고 했지만 대부분 답을 베껴오는 데 급급할 뿐 그 원리를 알려고 하지 않았어요. 그렇다고 해서 오답을 모른 채 지나가야 한다는 뜻은 아닙니다. 오답 정리하는 법을 바꾸자는 거죠. 90점 이상의 아이들에게는 틀린 문제 중 한 개를 선택해서 정확하게 배워오라고 한 뒤 배운 것을 다른 친구들에게 설명하도록 했습니다. 80점 이상은 두 문제, 그 이하의 아이들에게는 세 문제를 선택하라고 했죠. 또 그와 유사한 문제는 일정 시간이 지난 후 꼭 풀게 하고 교사인 저에게 설명할 수 있으면 통과시켰습니다. 틀린 문제는 반복해서 세 번 이상 풀게 하세요. 이때 시간차를 두고 풀게 해야 합니다. 일주일 안에 세 번 정도를 다시 풀게 하면 이러한 유형의 문제가 나와도 잘 틀리지 않게 됩니다."

작년에 5학년 담임을 할 때였다. 오답노트를 숙제로 내줬을 때마다 고통스러워하던 아이들의 모습이 떠올랐다. 진작 이 방법을 알았더라면 좀 더 재미있게 수학수업을 할 수 있었을 텐데 하는 아쉬움이 남았다. 무엇보다 공식은 잘 세워놓고 답이 틀린 아이들에게 잘못한 연산만 나무라고 잘 세운 식을 칭찬하지 않은 게 마음에 걸렸다.

학부모님들도 아이들의 답안지를 보고 "너는 누굴 닮아서 이런 것도 틀리니?"와 같은 잔소리는 하지 않으셨으면 한다. 엄마의 말 한마디가 아이의 '수학 자신감'을 뚝 떨어뜨리기 때문이다. 틀린 답만 나무라지 말고 어려운 문제를 포기하지 않고 끝까지 푼 과정 자체를 칭찬하자. 칭찬만큼 좋은 채찍은 없다. 그러면 아이들은 수학에 대한 흥미를 느끼고 자신감도 갖게 될 것이다.

66
아이는 그냥 어린 사람이 아니라
'잠재력의 총량을 가늠할 수 없는
무한 가능성의 어린 사람들'
이라는 생각이 들어요.

숨은 잠재력을 어떻게
발현시키는가 하는 점은
부모와 교사가 어떤 본보기를
보여주느냐에
달린 것 같습니다.
99

2장

어떤 엄마가
공부 잘하고
사회성도 좋은
아이로 키우는가

엄마의 자세

...

무엇이든
말이 아닌 **행동**으로
먼저 보여주는
엄마

친구가 아무리 재미있는 이야기를 해도, 즐거운 체육시간이 와도 잘 웃지 않는 아이가 있었다. 어느 날 그 아이의 어머니를 만났는데, 어머니 역시 대화를 나누는 내내 절대 웃지 않으셨고, 거의 무표정이었다. 아무리 인사교육을 강조해도 매번 목례조차 하지 않는 아이가 있었다. 상담시간에 만난 그 아이의 어머니 역시 인사를 생략하셨다. 물론 부모님의 인상이나 태도와는 달리 예의 바르고 흠잡을 데가 없는 아이도 있다. 하지만 20년 가까이 교직생활을 해온 선생님들은 이구동성으로 부모님을 만나보면 아이의 성격이나 태도가 왜 그런지 알게 된다고 말씀하신다.

나 역시 매년 만나는 학생들을 보면 외모뿐만 아니라 말투, 말의 빠르기와 억양, 걸음걸이, 예의바름의 정도 등이 그 부모님과 붕어빵처럼 닮아 있어 놀라는 경험을 자주 했다. 누구나 마찬가지다. 자기 부모님의 정말 닮고 싶지 않은 모습과 꼭 닮고 싶은 모습 모두를 갖고 있다.

미국의 오바마 대통령은 자서전에서 "내가 가진 좋은 점은 모두 어머니에게서 물려받았다."라고 말했다. 이처럼 오늘 아이에게 하는 말 한마디와 행동 하나에 따라 아이의 인생이 달라질 수 있다. 특히 자식은 부모가 '말한 대로' 행동하는 것이 아니라 부모가 '행하는 대로' 행동한다는 것은 불변의 진리라고 생각한다. 인내력 있는 아이로 키우고 싶다면 부모가 모든 일에 끈기를 갖고 어려움을 만나도 포기하지 않는 모습을 보여주면 된다. 인사성이 좋고 예의바른 사람으로 자라나기를 바란다면 부모가 먼저 즐겁게 인사하는 모습을 보여주면 된다.

아이들과 함께하는 교사로 지내며 깨달은 것 중 하나도 내가 먼저 아이들의 감정을 존중하고 공감해주면 아이도 차츰 배려심을 갖고 공감할 줄 알게 된다는 것이다.

아이들에겐 말이 아닌 '행동으로' 보여줘야 한다

"자녀는 부모의 등을 보고 자란다."라는 말이 있다. 훌륭한 멘토를 만나게 해주는 것도 좋지만 존재만으로도 아이에게 멘토가 돼주는 부모님은 생각만 해도 정말 멋지다. 매사 최선을 다하고, 늘 공부하는 자세로 살아간다면 어릴 때부터 그 모습을 보고 자란 아이들은 인생에서 더 나은 선택을 하게 될 것이다.

수석교사 양경윤 선생님도 두 아이를 키우면서 부모의 '보여주기'가 얼마나 중요한지에 대해 깨닫고 있다고 하셨다. "지금은 고인이 되신 서강대 영문학과 장영희 교수님께서도 책에서 이런 말씀을 하신 적이 있어요. 단칸방에서 항상 번역 일을 하시던 아버지《펄벅의 대지》를 번역하신 고 장왕록 교수의 뒷모습을 보고 자란 형제들이 대학에 진학할 때 자연스럽게 영문학과를 선택했다는 겁니다. 저도 아이들이 책을 가까이 할 수 있도록 제가 먼저 책 읽는 모습을 '행동으로' 보여주려고 노력했어요. '들려주는' 방법보다는 '보여주는' 방법이 훨씬 효과적이에요."

교사로서 언행을 조심해야겠다고 생각한 계기가 있었다. 2학년 담임을 맡았을 때였다. 매주 월요일마다 받아쓰기를 했는데 남학생들이 의문문 뒤에 물음표를 잘 붙이지 않았다. 그래서 물음표를 잊지 말고 잘 쓰라는 의미로 의문문을 읽을 때 〈개그콘서트〉에 나오는 개그우먼처럼 문장의 끝을 과도하게 올려서 읽었다. 그랬더니 아이들이 집에서 엄마와 받아쓰기 연습을 할 때 "우리 선생님은 이렇게 읽어주신다."며 나의 말투를 따라 했다는 것이다. 어머니들에게서 이 이야기를 전해들은 후, 아이들에게는 어른들의 말과 행동을 스펀지처럼 그대로 흡수하는 특성이 있다는 걸 다시 한 번 절감했다. 특히나 저학년일수록 흡수력은 놀라울 정도다.

아이들이 학교에서 선생님과 생활하는 것은 대개 8~9세 때부터다. 그런데 엄마와는 뱃속에서부터 함께하니 그 영향이 얼마나 클지는 감히 가늠할 수 없을 정도다. 올해 둘째 아이의 육아휴직을 마치고 학교에 복귀한 이지원 선생님도 엄마로서 자신의 말과 행동이 아이들에게 얼마나 큰 영향을 미치는지 새삼 깨닫게 됐다며 이런 이야기를 들려줬다.

"아이는 그냥 어린 사람이 아니라 '잠재력의 총량을 가늠할 수 없는 무한 가능성의 어린 사람들'이라는 생각이 들어요. 숨은 잠재력을 어떻게 발현시키는가 하는 점은 부모와 교사가 어떤 본보기를 보여주느냐에 달린 것 같습니다. 아이들과 함께 있으면 저 역시 다시 태어나 자라고 있다는 생각이 들어요."

한국의 톱배우들과 광고주들이 가장 좋아한다는 사진작가 조선희 씨의 강의를 들은 적이 있다. 그녀는 사진보다 아홉 살짜리 아들을 둔 엄마로서의 이야기를 더 많이 했는데, 그날 강연의 주제는 '슈퍼맘'이 되기 위해 노력하지 말라는 것이었다. 자신의 꿈은 좋은 엄마가 되기보다 '멋진 엄마'가 되는 것이라고 했다. 30년 뒤에 아들에게서 "내가 아는 여자 중에 엄마가 제일 멋진 여자야."라는 말을 듣고 싶다는 그녀는 이미 매력적인 사람이었다. 매사 최선을 다해 최고가 된 엄마를 보면서 자란 아들은 당연히 자기 인생을 기획할 때도 최선을 다해 최고에 가까운 모습을 그리지 않을까?

자식에게 물려줄 최고의 유산은 '긍정적인 말과 행동'이다

"훌륭한 부모를 가진 아이는 이미 훌륭한 인생을 시작한 것이다."라는 말이 있다. 존경받는 부모님들은 어떤 모습을 보여주며 아이를 양육했는지 알고 싶었다. 그래서 인터뷰를 한 선생님들께 공통된 질문을 드렸다. 적게는 21년 많게는 42년 동안 교직생활을 하면서 만나온 학부모들 중 아이가 올곧게 잘 자란 집안 부모님들의 공통점은 무엇인지 궁금했다.

사소하게는 책을 가까이 하는 분, 타인을 헐뜯지 않는 분에서부터 아이 스스로 해야 할 일은 학교 가서 혼날 것을 알아도 절대 대신 해주지 않는 분, 아이를 인격체로 존중해주는 분, 자신만의 교육철학을 갖고 있는 분 등 다양했다. 그중 가장 많은 선생님들이 꼽은 공통점은 매사 긍정적인 태도와 말투를 가진 분이었다. 좀 뜻밖이었다. 뭔가 더 특별하고 거창한 자녀교육 노하우를 가진 학부모님에 대해 이야기해주실 거라 기대

했기 때문이다.

'부모가 자식에게 물려줄 가장 위대한 유산은 긍정적인 삶의 태도'라는 것은 부모님들뿐 아니라, 교직생활과 양육의 경험이 많은 선생님일수록 더 중요하게 생각하는 덕목이었다. 수업우수교사로 선정되신 수석교사 문지영 선생님 역시 아이에게 가장 의미 있는 멘토가 돼주는 부모의 요건은 긍정적 마인드라고 하셨다.

"10여 년 전쯤 담임을 맡았던 2학년 아이의 부모님 중 참 긍정적이고 따뜻한 분이 계셨어요. 만나서 이야기를 하는 내내 아이가 자신감 있고 밝은 성품을 가질 수밖에 없겠구나 하는 생각이 들더군요. 그런 아이의 미래는 일단 안심이 됩니다. 어떤 삶을 살든 스스로 잘 꾸려가며 행복하게 살 테니까요. 훌륭한 사회적 배경을 가진 부모님도 아이에게 좋은 본보기가 돼주겠지만, 긍정적인 말과 생각을 물려주는 부모님이 최고의 부모상이 아닐까 싶어요."

문용린 전 교육부장관도 자신의 30년 교육 연구를 집대성한 책 《행복한 성장의 조건》에서 교육의 목표는 '행복한 성공'임을 밝히면서 긍정적인 마인드의 중요성을 강조했다. 긍정적인 마인드를 지니면 학습태도도 능동적으로 바뀌고 생활태도도 바르게 변한다는 것이다. 특히 행복 호르몬인 세로토닌이 분비되면 공부하는 데 최적의 뇌 컨디션이 만들어지고, 스트레스를 쌓아두는 게 아니라 즐기면서 풀 수 있게 된다. 이는 단지 공부 잘하는 아이로 키우는 것과는 차원이 다른 이야기다. 행복한 인생을 사는 법을 물려주는 것이니 얼마나 위대한 유산인가.

칭찬하는 법

...

장점부터 칭찬하고
맨 마지막에
단점을 고쳐주는
엄마

반 아이들이 내게 "소녀시대보다 선생님이 더 예뻐요."라고 말해주면 진실이 아닌 줄 알면서도 기분이 좋아지고 하루의 피로가 다 풀린다. 학부모님들이 "사랑으로 지도해줘서 감사합니다."라고 칭찬을 해주시면 힘이 불끈불끈 나서 아이들을 더 따뜻한 시선으로 바라보게 된다. 이렇듯 사람은 누구나 칭찬을 좋아한다. 칭찬을 들으면 우리 뇌에서 만족감을 느끼게 하는 도파민이 나오기 때문이다.

교실에서도 칭찬의 효력은 대단하다. 이는 공부 잘하는 아이를 만드는 비결과도 연관이 있다. 공부를 잘하는 아이들은 대개 그렇지 못한 아이들보다 상대적으로 공부하는 걸 더 좋아하기도 하겠지만, 공부해서 '칭찬받은 경험'이 많기 때문에 그만큼 동기부여가 된 것이기도 하다. 학업 성취에 있어 성공한 경험이 많을수록 공부는 '고통스러운 것'이 아니라 '성취감을 주는 것'으로 변하게 된다. 또한 칭찬을 자주 받다 보니 자존감도 높아지게 된다.

교육의 중요한 목표 중 하나는 아이들이 스스로를 '소중한 사람'이라고 깨닫게 하는 것이다. 특히 부모님의 칭찬을 받는 아이는 자신감과 자존감이 높아진다. 자존감이 높은 아이는 문제 상황에 부딪힐 때 쉽사리 상처받지 않으며, 내면이 단단해져서 어려움을 견디고 극복하는 과정에 더 능숙하다. 그래서 칭찬은 아이들 인격 형성에 더없이 좋은 교육법이다.

언제나 당근이 채찍을 이긴다

자존감이 높아진 아이는 힘든 상황에서도 좌절하기보다는 극복과 재도전을 선택하도록 프로그래밍이 된다. 반면에 자존감이 낮은 아이는 자신을 실패의 아이콘으로 오해해 매사 무기력하고 부정적이 된다. 수석교사인 문지영 선생님도 아이들의 자존감을 높이는 데 칭찬이 특효라고 하셨다.

"높은 자존감을 갖기 위해서는 작은 일에서도 성취감을 느낄 수 있도록 칭찬해줘야 합니다. 어릴 때부터 부모님이 사소한 일에도 칭찬과 격려를 아끼지 않고 아이의 존재 자체를 소중히 여기며 감동해주셔야 합니다. 사소한 일에는 시큰둥하고 큰 성과를 냈을 때만 반응하면 아이의 자존감은 높아지지 않습니다. 아이의 말에 귀를 기울이고 공감해주는 게 무엇보다 중요해요. 아이의 관심사에 같이 공감하면서 반응을 보이는 부모, 믿어주는 부모, 마음을 열고 대화하는 부모 밑에서 자란 아이들은 자존감이 높아질 수밖에 없어요."

나 역시 칭찬과 자존감의 상관관계는 교실에서 이미 터득했다. 그런데 문제는 이 칭찬이라는 것이 현명하게 잘하기가 어렵다는 것이다. 아이마다 성격과 자라온 환경이 다르기 때문이다. 문 선생님은 자존감이 낮은 아이에게는 오히려 칭찬이 역효과를 일으킬 수 있다고 당부하셨다.

"과장된 칭찬보다는 '진심어린 관심'이 우선입니다. 흔히 잘한다는 말을 칭찬으로 생각하는데 결국 잘한다는 것은 평가적인 언어예요. 칭찬할 때는 결과보다는 과정을 우선시해야 합니다. '노력하는 모습이 보기 좋다, 열심히 해줘서 고맙다, 힘들었을 텐데 중간에 포기하지 않아서 대견하다'는 말로 아이에게 늘 관심을 기울이고 있음을 보여줘야 합니다."

땀샘 학급살이 운영자이신 최진수 선생님도 결과를 두고 하는 칭찬보다는 아이의 노력 자체에 감동하는 게 진짜 칭찬이라고 하셨다. 최 선생님은 학생의 과제물을 보면 "○○야, 노력을 많이 했구나."라는 말을 먼저 건네는데, 특히 새로운 것에 도전하는 아이에게 하는 칭찬과 격려는 용기를 만들어준다고 강조하셨다.

수석교사 권순애 선생님은 칭찬을 잘하기 위해서는 아이가 잘하는 '지점'을 정확하게 포착해내는 게 중요하다고 하셨다. 나름대로 노력하지만 스스로 안 된다고 좌절하는 아이일수록 그런 지점을 기다려야 한다는 것이다. 권 선생님은 '이 녀석 잘하기만 해봐. 내가 칭찬 폭탄을 퍼부을 테야'라는 마음가짐을 갖고 관심과 기다림으로 지켜보면 정말 장점이 빨리 포착된다면서, 부모님과 상담할 때도 이런 조언을 하신다고 했다. 선생님은 수업시간이나 급식시간에 아이들에게 '장 박사, 김 셰프, 박 감독' 이런 식으로 별명을 붙여주기도 하는데 그러면 교실 분위기가 금세 달라진다는 것이다. 정말 사소하고 장난 같은 말 한마디에도 아이들이 으쓱해하는 게 느껴진다고 한다.

신경자 선생님이 추천하는 효과적인 칭찬 비법은 말보다 글이었다. "저는 말로 하는 칭찬보다는 글로 하는 칭찬을 즐기는 편이에요. 일기장 댓글, 받아쓰기 공책 댓글, 학급 홈페이지 비밀글, 비밀쪽지 등을 통해서 좀

더 은밀히 하는 칭찬이 갖는 힘은 가히 상상 초월입니다. 모든 아이들 앞에서 하는 칭찬도 파급력이 좋지만, 둘만 아는 비밀 같은 칭찬은 아이들의 사기를 높이는 데 큰 역할을 하죠. 지금은 대학생이 된 제자들 중에 일기장 칭찬댓글이 아직도 기억에 남는다는 이야기를 하는 친구들이 있어요."

아울러 칭찬을 할 때 주의해야 할 점도 알려주셨다. "혼자서도 숙제를 잘했네. 그런데 왜 예전에는 하지 않았니?"라는 식으로 핀잔 섞인 칭찬이나 과거의 잘못을 들추어내는 형태의 칭찬을 해서는 안 된다는 것이다. 이런 '추궁형 칭찬'을 하면, 아이가 칭찬받았다는 느낌을 못 받기 때문이다.

잔소리도 잘하는 법이 따로 있다

교육대학을 졸업하고 교직생활을 한 지 벌써 10년차. 아이들과 함께하며 힘들었던 만큼 행복했던 그 시간 동안 배운 것이 있다면 '당근이 채찍을 이긴다'는 것이다. 나그네의 외투를 벗긴 것은 바람이 아니라 따뜻한 햇살이었다. 물론 진심이 담기지 않은 칭찬이나 잘못된 칭찬은 오히려 해로울 수 있지만 아이들의 능력은 칭찬을 해야만 성장할 수 있다. 실제로는 칭찬할 만큼 훌륭하지 않더라도 노력하는 모습을 칭찬해주면 아이들은 그 칭찬에 걸맞은 사람이 되기 위해 필사적으로 노력한다. 교실에서 그런 아이들의 모습을 보고 있노라면 어떠한 말로도 표현할 수 없는 감동을 받곤 한다.

아이들은 확실히 칭찬으로 샤워를 하고 나면 남다르게 반짝거린다. 그

반짝임은 눈빛뿐 아니라 태도, 나아가 아이의 '자태'까지 바꾸어놓는다. 이 마법 같은 신비로움을 어머니들도 충분히 느낄 수 있다. 특히 이러한 칭찬의 효과는 저학년일수록 높지만, 사춘기를 겪고 있는 고학년도 예외는 없다.

신입 교사로 발령을 받고 처음 만난 아이들은 6학년생이었다. 그때 근무하던 학교의 교기는 테니스였는데, 우리반에도 테니스를 잘하는 남학생이 한 명 있었다. 그 아이는 테니스 연습 때문에 수업에 자주 빠지기도 하고 워낙 활동적인 아이라 수업에 참여해도 차분히 앉아 있지를 못했다. 그 아이에게 수업시간에 돌아다닌다는 이유로 폭풍 잔소리를 하곤 했었는데, 만일 그때 야단 대신 "네가 이렇게 에너지가 넘쳐서 테니스를 잘하는구나." 하고 칭찬의 말을 해줬으면 어땠을까 하는 후회가 남는다. 무엇보다 따끔한 훈계의 말도 먼저 아이와 유대관계를 형성한 후에 해야 교육적인 효과가 있지, 그렇지 않으면 그저 잔소리에 불과하다는 것을 그때는 미처 알지 못했다.

그래서 요즘은 잔소리가 목구멍까지 차올라도 웬만하면 꿀꺽 삼키는 편이다. 사소한 것까지 일일이 간섭하고 잔소리를 해대면 아이의 부정성이 커지고 자칫 고집이 세질 수 있기 때문이다. 게다가 평소 잔소리하는 게 습관이 되면 정말 따끔하게 야단을 쳐야 할 때조차, 그 말에 무게가 실리지 않아 아이가 무심코 흘려듣게 된다. 이럴 때는 무엇보다 아이를 바라보는 관점을 바꾸는 게 중요하다. 자꾸 단점을 찾으려 하지 말고 장점을 찾아 칭찬하는 쪽으로 바꾸려 노력하면 잔소리를 줄일 수 있다. 물론 이렇게 마음가짐을 달리 해도 야단이나 잔소리를 전혀 안 할 수는 없다. 하지만 이런 노력조차 하지 않는 것과 노력을 통해 더 유연한 관계를 맺으려 하는 것과는 상당한 차이가 있다.

잔소리도 다이어트가 필요하다. 꼭 필요한 순간에 단호하게 하되 최대한 감정을 배제하고 해야 한다. 그동안 교실에서 아이들과 함께 생활하면서 터득한 것은 여자 어른이 목소리 톤을 높여서 대화가 아닌 훈계와 잔소리를 하는 순간 아이들의 귀는 자동으로 닫힌다는 것이다. 어머니들도 느껴보셨을 것이다. 특히나 잔소리할 부분이 많은 남학생들은 이런 반응을 더 심하게 보인다. 그래서 단점을 지적하는 대신 장점을 찾아 칭찬하려고 노력했다. 그랬더니 "아이들은 야단치는 대로 변하지 않고 칭찬하는 대로 변한다."는 말처럼 신기하게도 조금씩 달라지기 시작했다.

2년 전 1학년 담임을 할 때는 내 칭찬을 들은 남학생 한 명이 "오예, 오예!"를 연발하며 덩실덩실 춤까지 춘 적이 있다. 아이가 즐거워하는 것을 보니 나도 신명이 나서 더 많이, 더 자주 칭찬했고 그 아이는 성취하는 분야가 점점 확대되기 시작했다. 미적 감각이 몹시 뛰어나고 만들기 활동을 좋아하는 학생이었는데, 버려진 재활용품 박스와 수수깡도 그 아이의 손에만 닿으면 멋진 건축물로 되살아났다. 솜씨가 뛰어나서 두고두고 보고 싶은 마음에 카메라로 찍어둘 정도였다. 내가 사진을 찍으려고 카메라를 꺼내면 아이의 입이 귀에 걸리곤 했다. 대신 정리정돈에는 취약한 아이였다. 더러 잔소리를 했지만 그 방법은 전혀 효과가 없어 다른 방법을 생각해냈다. "박 건축가님은 미적 감각이 정말 뛰어나요. 색연필 정리정돈만 잘하면 완벽한 건축가가 될 것 같아요."라며 오히려 따뜻한 말로 조언을 해줬더니, 어느새 정리하는 습관도 자리를 잡아갔다.

아이는 야단치는 대로 변하지 않고 칭찬하는 대로 변한다

긍정심리학자 마틴 셀리그만은 "아이를 잘 기르는 것은 그 아이가 지닌 단점을 고치는 것이 아니다. 아이가 지닌 강점과 미덕을 파악하고 계발해줌으로써, 아이가 자신에게 맞는 긍정적인 특질을 최대한 발휘하게 해주는 일이다."라고 했다.

나 또한 장점을 칭찬하고 그 부분을 계발시키다가 아이가 지닌 단점이 자연스럽게 사라지는 것을 여러 번 경험했다. 신입 교사일 때는 교육학적 배경이 부족해 잘 몰랐는데, 훗날 책을 읽다 보니 그것이 바로 '응용행동분석'이었다. 응용행동분석이란 행동주의 심리학의 한 분야로 바람직한 행동을 늘려 바람직하지 못한 행동을 감소시키는 교육 전략이다. 쉽게 말해서 칭찬으로 아이의 장점을 점점 확대해서 단점까지 잠식해버리는 것이라고 해석할 수 있다.

담임교사는 일 년에 두 번, 생활기록부에 학기말 종합의견을 쓰도록 돼 있다. 나는 '이 학생은 주의가 산만하나 밝고 쾌활해 친구들에게 인기가 많음'과 같은 문장은 쓰지 않는다. 물론 학부모님도 아이의 학교생활에 대해 정확하게 알 필요가 있지만, 이런 문장을 써준다고 해서 '주의산만'한 아이가 '집중'하는 아이로 바뀌지는 않기 때문이다. 그 대신 '자신이 좋아하는 분야에는 호기심이 많고 활동적임'이라는 식으로 표현을 조금 달리 해서 적는다. 수업시간에 떠드는 아이는 '자기 주관이 뚜렷하고 의사표현이 분명하며 친구들과 토론하는 것을 좋아함'으로 대체한다. 무엇보다 통지표는 학생을 통해 배달되기 때문에 엄마의 손에 도착하기 전에 이미 아이가 먼저 읽게 된다. 말이 씨가 된다고, 굳이 아이에게 '산만하다'는 걸 주입시킬 필요는 없지 않겠는가. 대신 학부모 상담시간에는 평소의 생활에 대해 솔직담백하게 말씀드린다. 그렇다 보니 통지표를 나눠주는 날, 아이들은 아리송한 표정을 짓곤 한다. 자신은 발표력이 없는데, '발표력이 좋으며 앞으로 더 나아질 모습을 기대한다'고 쓰여 있으니 어리둥절한 것이다. 그래서 지금도 잘하고 있지만 앞으로 더 잘할 것이라 믿는다는 설명을 덧붙이곤 한다.

물론 칭찬의 글에는 진심이 담겨 있어야 한다. 진정성 없는 칭찬은 아이들도 금방 눈치를 챈다. 41년 경력의 이규홍 선생님은 "영혼 없고 기계적인 칭찬은 오히려 역효과를 내게 합니다. 반 아이들을 하루에 한 명씩만 구체적으로 칭찬해주세요. 아이는 그 칭찬을 먹고 더 뛰어나게 발전하게 될 것입니다."라고 칭찬의 진정성과 구체성을 강조하셨다.

연구에 따르면 칭찬과 사랑을 많이 받은 아이일수록 창조성을 잘 발휘하고 독립적인 성인으로 성장한다고 한다. 칭찬과 사랑을 통해 자신에 대한 긍정적 이미지를 갖게 되고, 그 시각으로 외부세계도 긍정적으로 인식하기 때문이다. 모든 아이가 무한한 잠재력을 갖고 있지만, 모두 다 그것을 발휘하는 것은 아니다. 칭찬과 격려로 자란 아이는 내면의 힘을 한껏 뽑아 올릴 수 있지만, 야단맞고 비난받으며 자란 아이는 자신의 존재감조차 부정적으로 인식하기 때문에 내면의 잠재력을 발휘하기가 쉽지 않다.

무엇보다 자녀가 잘했을 때만 칭찬해주는 마인드를 버리는 게 중요하다. 아이가 다소 실망을 안겨주더라도 개의치 말고, 그 상황 속에서도 노력하는 포인트를 포착해 긍정적인 메시지를 전달해주도록 하자. 칭찬은 위대한 힘을 갖고 있다. 종교학자 마르크스 뮐러의 말처럼 "칭찬은 배워야 할 예술이다."

부모와 아이의 신뢰를 쌓아주는 칭찬의 법칙

1. 즉각적으로, 공개적으로, 구체적으로 칭찬해주자.

2. 결과보다 노력의 과정, 태도에 대해 칭찬해주자.

3. 성과뿐 아니라 성품도 칭찬해주자.

4. 자녀에게 부족한 성품도 칭찬으로 격려해주자.

5. 재능과 재주에 대해 칭찬해주자.

6. 목표와 계획에 대해 칭찬해주자.

7. 칭찬할 때는 과거의 실수나 잘못을 함께 이야기하지 말자.

8. 자녀에게뿐 아니라 친구 등 주변사람들도 간접적으로 칭찬해주자.

9. 진심과 진정성을 듬뿍 담아 칭찬해주자.

10. 아이가 어떠한 실망을 안겨주더라도 칭찬을 중단하지 말자.

믿어주기

...

알아도
모르는 척
기다려주고
믿어주는
엄마

5년 전 학교에서 영어교과를 전담할 때였다. 미국인 부부가 베트남 아이 세 명을 입양해서 키우던 중 내가 근무하는 학교의 원어민 교사로 왔다. 그 부부의 첫째 아이가 여덟 살, 둘째가 여섯 살, 셋째는 다섯 살이었다. 나는 그들 가족과 많은 시간을 함께하면서 미국 사람들은 가정교육을 어떻게 하는지 유심히 살펴봤다. 그들은 생각보다 아이들을 엄격하고 독립적으로 키우고 있었다.

첫째와 둘째는 그렇다 치고 다섯 살 먹은 막내의 운동화 끈이 풀려도 스스로 묶게 했다. 옆에서 조언만 할 뿐 직접 해주지 않았다. 그 모습에 놀라서 아직은 부모의 손길이 필요한 나이가 아니냐고 물었더니 "부모가 대신 해주는 건 아이가 스스로 할 수 있는 일을 빼앗는 행동이에요."라는 대답이 돌아왔다.

한국 엄마와 미국 엄마를 비교한 다큐멘터리를 본 적이 있다. 아이들에게 글자를 주고 단어를 맞추게 했는데 미국 엄마들은 옆에서 지켜보기만 하는 반면, 한국 엄마들은 아이에게 힌트를 주거나 글자의 순서를 맞춰주기도 했다. 도와주면 안 된다는 규칙을 상기시키자 한국 엄마는 잠시 멈칫 했으나 다시 손짓으로 도와줬다. 그런데 더 인상적인 것은 실험이 끝난 뒤 엄마들의 인터뷰였다.

한국 엄마들은 힌트를 주거나 제스처로 답을 알려줬음에도 아이를 도와주지 못해서 안타까웠다고 말했다. 자신들이 자녀의 판단에 얼마나 많이 관여하고 있는지 알아채지 못하는 듯했다. 게다가 이 자료를 한국 엄마들에게 보여주고 미국 엄마들의 태도에 대해 질문하자 한국 엄마들은 "미국 엄마들은 아무것도 안 했어요."라고 대답했다. 하지만 미국 엄마들은 아무것도 안 한 것이 아니다. 아이에게 참견하고 간섭하지 않으려고 '엄청난 노력'을 하고 있었다. 가르쳐주고 싶은 마음을 참고 최선을 다해 지켜보고 있었던 것이다. 이 다큐멘터리를 보면서 한국의 엄마들에게 가장 필요한 것은 아이 스스로 문제를 해결할 수 있도록 '기다려주는' 태도라는 생각이 들었다.

기다리고 믿어주는 만큼 자라는 아이들

초등학교 입학을 앞둔 아이를 위한 최고의 가정교육은 스스로 판단해서 자신의 일을 해내는 힘을 길러주는 것이라고 생각한다. 어린아이들도 엄마가 도와주지 않는다는 걸 알면 스스로 해결하는 방법을 찾는다. 이런 과정을 거쳐야 비로소 독립된 인격체로 거듭날 수 있다.

어떤 문제에 부딪쳤을 때 그걸 해결하기 위해 고민하고 정답을 찾아가는 과정은 아이의 몫이다. 엄마의 역할은 자녀들을 지켜보며 '격려'하는 것이다. 아이를 잘 키우기 위해 무언가를 하고 싶다면 자녀가 스스로 생각하고 실행해볼 기회를 빼앗지 말아야 한다. 부모가 육아서와 자녀교육서를 가장 많이 읽는 시기는 아이가 초등학교 입학하기 전이다. 그 수

많은 교육서에서 가장 자주 나오는 단어가 바로 '스스로', '칭찬', '믿어주기' 이 세 단어라는 사실을 잊지 말자.

홍수현 씨가 쓴 《생각하는 아이 기다리는 엄마》를 보면 참으로 예쁜 표현이 나온다.

> 세상의 모든 아이는 스스로 생각할 줄 아는 힘, 즉 '스스로 생각 발전소'를 갖고 태어납니다. 스스로 생각 발전소를 가동시켜 생각하고 결정할 수 있는 힘을 길러주면 아이는 자기주도적인 사람으로 성장할 수 있습니다.

교실에서 만난 수백 명의 아이들을 떠올려보면 "세상의 모든 아이는 스스로 생각 발전소를 갖고 태어난다."는 말에 100퍼센트 공감이 간다. 하지만 학부모들이 신뢰하는 건 '자녀'가 아닌 성적표 속의 '숫자'인 경우가 많다. 엄마라면, 엄마이기 때문에 '성적'이 아닌 '아이'를 믿어야 하는데 말이다. 믿어주고, 믿어주고, 계속 믿어주자. 옆집 아이가 아니고 사랑하는 내 아이기에 설령 속더라도 무한 신뢰를 주어야 한다. 아이들은 부모가 갖는 굳건한 신뢰를 먹고 성장하기 때문이다.

몇 해 전 일인데, 선생님과 반 친구들을 힘들게 하는 아이가 한 명 있었다. 친구들과 함께 장난을 치다가도 자기 마음에 안 들면 친구의 배를 발로 차고 폭력을 행사했다. 야단도 치고 반성문도 쓰게 하고 어머님께 도움을 요청하는 연락도 드렸지만 별로 효과가 없었다. 그러던 중 거의 체념에 빠져 "선생님은 ○○를 믿어! 왠지 앞으로는 안 그럴 거 같은데."

라고 혼잣말처럼 내뱉은 적이 있다. 평소 행동으로 봐서 그 친구는 절대 변하지 않을 거라고 반신반의하는 반 아이들에게도 "얘들아, 우리 한 번만 더 ○○를 믿어주자. 점점 멋지게 변하고 있는 것 같지 않니?"라고 말하며 설득했다.

나는 그때의 일로 믿음이 얼마나 큰 효과를 발휘하는지 깨달았다. 그 아이는 담임의 넋두리 같은 믿음을 저버리기 힘들었는지, 그 후로 친구들에게 폭력을 행사하는 일이 현저하게 줄어들었다. 선생님의 신뢰만으로도 이렇게 달라질 수 있는데 하물며 부모님의 무조건적인 믿음은 얼마나 위대한 힘을 가질 수 있을지 새삼 절감했다.

수석교사 권순애 선생님도 자녀교육에 있어 '믿고 기다려주기'야말로 최고의 미덕이라고 하셨다. "조금은 허술한 부모님들이 길게 보면 아이들에겐 더 좋은 영향을 미칠 수도 있습니다. 하나부터 열까지 참견하고 못 미더워하면 아이들이 숨 막히지 않겠어요? 그러다 보면 아이들도 스스로 판단하고 시도해볼 의지를 잃게 됩니다. 부모의 기대치가 높은 것과 아이들이 생각을 발전시키고 실행해볼 기회를 빼앗는 것과는 전혀 다른 문제임을 기억해야 합니다."

조금 허술한 엄마가 아이들을 더 크게 키운다

서점에서 《100점 엄마가 0점 아이를 만든다》라는 제목의 책을 본 적이 있다. 그 책을 읽어보지는 않았지만 권순애 선생님의 "조금은 허술한 엄마가 아이들을 더 크게 키운다."라는 말씀과 일맥상통하지 않을까 싶다. 완벽주의 엄마는 아이의 부족함을 자신의 부족함이라 여겨 기다리지 못하고 결국엔 모든 것을 직접 해주고 만다. 학부모님들을 만나다 보면, 너무 철두철미하고 완벽함을 추구하는 분들이 계신데, 그런 부모 밑에서 자란 아이들은 대체로 자신감이 부족하고 교사의 눈치를 살피는 경우가 많다.

심하게 악필인 학생이나 숙제를 잘 해오지 않는 아이들은 일 년간의 노력으로 고칠 수 있다. 하지만 눈치 보고 주눅이 든 아이는 아무리 담임교사가 노력해도 변화시키기가 어렵다. 이런 경우 교사의 노력보다는 엄마의 가치관이 바뀌는 게 더 중요하다.

아이들은 부모나 교사의 신뢰를 온 마음으로 느낀다. 무조건적인 신뢰의 눈빛을 쏘아주면 아이는 그 신뢰에 부합하는 사람이 되려고 최선을 다한다. 교실에서도 자신을 믿어주는 선생님을 실망시키지 않으려고 사력을 다하는 아이들의 모습을 자주 목격한다. 어머니들도 이런 기적의 순간을 경험하기 위해서는 아이를 일단 믿어주어야 한다. 전국 수학경시대회에서 1등을 하고 피아노 콩쿨대회에서 입상한 것만이 자랑거리가 아니다. 노트 필기가 점점 더 단정해지고, 틀린 수학문제를 끙끙거리며 다시 풀어보려 노력하고, 시키지도 않았는데 어느 날부터 생활계획표를 짜놓는 것도 훌륭한 실적이자 자랑거리다.

때론 아이들이 뻔한 거짓말을 해도 모르는 척 속아주거나, 맘에 안 드는 행동을 해도 잠시 눈감아주는 게 잘못을 다그치는 것보다 더 효과적일 때가 있다.

권순애 선생님도 알면서도 일부러 속아주는 게 필요하다는 조언을 하셨다. "모르고 속는 날도 많았지만 지금 생각해보니 모르고 속은 것도 괜찮았다 싶습니다. 아이들에게 숨통을 트이게 한 부분도 있었던 것 같고요. 큰딸은 중학생이 된 어느 날, 귀고리를 한다고 귀에 구멍을 2개나 뚫고 들어오더군요. 순간 확 열이 올랐지만 억누르고 모른 척했어요. 그렇게 놔뒀더니 언제부턴가 시들해져서는 귀고리를 빼더라고요. 위험한 행동만 아니라면 일일이 참견하지 말고 잠시 눈감아주세요. 시간이 지나면 아이들 스스로 시들해지는 일이 다반사입니다. 너무 안달복달하며 따지지 않는 게 더 지혜로운 대처인 것 같아요."

어떤 사람이 고치에서 나방이 빠져나오는 모습을 보고 있었다고 한다. 좁은 구멍을 통해 온몸을 비집고 나오려는 나방의 모습이 안쓰러워 칼로 구멍을 좀 터줬더니, 나방이 손쉽게 고치에서 나오더라는 것이다. 하지만 그 나방은 날개를 제대로 펴지 못했고, 결국 하늘을 날 수 없었다. 좁은 통로를 빠져나오기 위해 오롯이 나방 혼자 고통을 이겨내는 인고의 시간이 필요했던 것이다.

사회적으로 성공한 엄마이거나 고학력 엄마일수록 '속더라도 믿어주기'가 더 어려울지도 모르겠다. 하지만 때론 아이들의 뻔한 거짓말에도 속아줄 필요가 있다. 거짓말을 직접 해보면 거짓말은 또 다른 거짓말을 낳게 한다는 것을 경험으로 알게 된다.

뭔가를 하는 폼이 어설프고 영 못 미더워 마음이 조급해지더라도 "잘

해내는 중이네."라고 격려해주며 꾹 참으면 아이들은 결국 스스로 해내고 만다. 비록 그 결과물이 별로라 하더라도 이런 경험은 부모가 대신 해줘서 좋은 결과를 얻는 것과는 비교할 수 없는 만큼 값진 것이다. 이런 경험이 쌓일수록 아이는 더 창의적으로 생각하고 더 능동적으로 행동하게 된다.

엄마표 조급증을 버리고, 때로는 알고도 속고 모르고도 속으면서 자녀들을 믿어주는 멋진 엄마가 되자. 아이들은 그 믿음에 부응하는 멋진 성장을 할 것이다.

도서관 옆집 살기

...

마트보다
도서관을
더 자주 가는
엄마

"혹시 집에 텔레비전 없는 사람 있니?"

2014년 초, 우리반 아이들 27명에게 물어봤더니 딱 한 명이 손을 들었다. 손을 든 아이는 평소 '저런 아들을 낳으면 좋겠다'라는 생각이 들 정도로 사고력이나 인성이 탁월한 아이였다.

거실을 도서관처럼 바꾸는 게 유행처럼 번지면서 텔레비전을 없애야겠다고 말씀하시는 학부모들을 꽤 뵈었지만, 실천에 옮기는 분들은 거의 없었다. 《초등 1학년 공부, 책읽기가 전부다》를 쓰신 송재환 선생님도 결혼할 당시 텔레비전을 살까말까 고민했다고 밝힌 바 있다. 여기서 내가 눈여겨본 부분은 텔레비전을 '살까말까 고민하다가 안 샀다'이다. 독서교육 관련 서적을 포함해서 10권이 넘는 책을 집필한 독서 전문가도 텔레비전을 없애는 문제가 고민스러웠다는 점 말이다.

부모님 상담을 하다 보면 "아이가 집에 오면 텔레비전만 보려고 하고, 도통 책 읽을 생각은 안 해요. 화가 나서 잔소리하다 보니 하루도 조용할 날이 없어요. 어떻게 하면 좋을까요?"라는 하소연을 꽤 많이 하신다. 텔레비전을 없애는 게 어떻겠느냐고 조언을 하지만 실제로 없애는 분들은 거의 없는 것 같다.

땀샘 학급살이 운영자인 최진수 선생님도 텔레비전 없는 가정문화의 중요성을 강조하셨다. "아이들이 책을 안 읽는다고 고민하시는데 일단 텔레비전을 없애보세요. 그게 힘들면 거실에 있는 텔레비전을 안방으로 옮기는 것도 방법이에요. 그것조차 안 되면 프로그램을 정해두거나 시간을 정해서 보게 하는 거예요. 당연히 어른도 이 규칙을 지켜야 합니다. 집에서 책을 읽거나 공부하는 것보다 더 재미있는 무언가를 없애는 것이 가장 이상적이죠. 이런 가정문화를 만들어가려면 시간이 많이 걸립니다. 그래서 아예 결혼생활을 시작할 때부터 그런 '도구' 없이 시작하시라고 말해주고 싶습니다."

학군을 따지기 전에 좋은 도서관이 있는지를 먼저 따져라

1학년 바른생활교과 수업을 할 때의 일이다. 여덟 살 아이가 '화합, 관용, 소신, 공감, 우정, 확신' 등의 어휘를 자연스럽게 구사하며 발표를 하기에 깜짝 놀란 적이 있다. 초등학교 저학년이 이런 어휘를 사용해 자신의 생각을 논리적으로 표현하는 경우는 드물기 때문이다. 나도 모르게 그 아이를 유심히 관찰했는데, 아이의 일기장을 보면서 이유를 알게 됐다. '주말에 아빠와 함께 도서관에 가서 시간을 보낸다.'는 얘기가 자주 나와서 물어보니, 주말 오전에는 부모님과 도서관에 가서 새로 나온 책을 읽고 독서일기를 쓴다는 것이다. 남다른 어휘 선택과 발표력의 비결은 역시 책, 그리고 도서관이었다.

선배 교사 중에 자녀가 있는 후배 교사를 만날 때마다 도서관이 가까운 아파트로 이사하라고 강력하게 설득하시는 분이 있다. 아끼는 후배일수록 그점을 더욱더 강조하셨다. 바로 수석교사 양경윤 선생님이다. 나의 교직 경력이 짧기는 하지만 이분처럼 다재다능한 교사를 아직 만나본 적이 없는데, 중고등학생인 자녀들도 지덕체를 모두 겸비한 아이로 키워내셨다. 양 선생님은 소문난 다독가로 《한 줄의 기적, 감사일기》라는 책도 쓰셨는데, 책을 쓰게 된 계기도 집 근처 도서관 덕분이라고 하셨다. 양 선생님은 독서의 중요성을 말하기 전에 도서관에 대해 이야기하고 싶다고 하셨다.

"저는 도서관 옆에 살고 있는 걸 행운이라고 생각합니다. 그 덕분에 지금의 제가 있다고 해도 과언이 아니에요. 사실 가까운 곳에 도서관이 있어도 아예 이용하지 않는 사람이 많긴 하지만, 그럼에도 도서관이 바로 옆에 있는 것과 없는 것은 큰 차이가 있다는 걸 자녀교육을 해보신 분들은 다 아실 겁니다. 도서관이 집 옆에 있으면 접근성이 좋아 한번쯤은 아이를 데리고 가게 되죠. 그렇게 몇 번 가다 보면 아이 스스로 찾아가는 식으로 발전하기도 합니다. 그게 일상이 되면 심심할 때도 공부할 때도 수시로 드나들며 '도서관'이 익숙하고 편안한 곳이 됩니다."

학부모 대상으로 자녀교육 강의를 많이 하는 신경자 선생님도 집을 구하는 첫 번째 기준이 '공원'과 '도서관'이라고 하셨다. "공원과 도서관 근처에 있는 집에서 16년째 살고 있습니다. 문맹인 채로 학교에 입학해 특별한 사교육을 받지 않은 두 딸이 학교 공부를 잘 따라가는 근간에는 도서관을 통해 받은 독서교육이 있지 않을까 싶어요."

고등학교 1학년, 초등학교 6학년 두 딸을 둔 신 선생님은 도서관에서 아이들과 함께 책을 고르고, 책을 매개로 이야기를 나누면서 자연스럽게 서로의 관심사를 주고받기 때문에 집에서도 대화가 끊이지 않는다고 하셨다. 신 선생님의 도서관 예찬론 중에 다양한 책을 통해 진로교육도 가능하다는 부분은 특히 인상적이었다.

독서의 신은 결국 공부의 신이 된다

자녀경영연구소 최효찬 대표는 《5백년 명문가의 자녀교육》이란 책에서 책 읽기 중에서도 '초등학교 시절'에 하는 독서가 얼마나 중요한지에 대해 강조하고 있다.

미국 교육과학연구소가 2002년에 발표한 '미국의 리더는 어떻게 만들어지는가'라는 보고서를 보면 미국 사회를 이끌어가는 지도자들은 초등학교 시절에 좋은 책을 많이 읽었다는 공통점을 갖고 있는 반면, 범죄자들은 대부분 거의 책을 읽지 않았거나 교육적인 가치가 없는 책을 읽은 것으로 조사됐다. 결국 이 보고서는 "초등학교 시절에 읽은 책이 그 사람의 인생을 결정한다."라고 결론짓고 있는데 이는 450년 전에 퇴계 이황이 했던 말과도 일맥상통한다.

현직 교사들도 초등 독서교육의 중요성을 특별히 강조한다. 양경윤 선생님은 "공부의 신은 독서의 신이 되지 못할 수도 있지만, 독서의 신은 공부의 신이 될 수 있다."라는 말을 실감한다면서 더 나아가 독서의 신은 학습의 신, 공부의 신도 뛰어넘는다고 하셨다. 다만 성과 위주의 독서를 할 경우엔 그 의미가 퇴색한다는 당부도 잊지 않으셨다.

"책을 많이 읽는 아이 중에는 학교성적이 좋은 경우가 많습니다. 그래서 '많이 읽으면 당연히 많이 알게 돼 공부도 잘할 수 있겠구나' 하는 착각을 하게 만듭니다. 하지만 다독한다고 당장 성적이 오르지는 않습니다. 독서의 신이 되려면 시간이 필요합니다. 글자를 읽는 시간뿐 아니라 글자를 생각할 시간이 필요한 거죠. 글자가 지닌 의미를 깨닫고 풍부하게 느끼고 책 속 문장을 스스로 해석해낼 수 있을 때 사고력이 확장되고, 그것이 머릿속에 남아 나중에 다른 지식과 합종연횡할 수 있습니다. 이때 독서가 주는 영향력은 단순한 교과적 지식을 익히고 외우는 것과는 차원이 다릅니다. 진정한 공부의 신이 되는 것이지요. 그러기 위해서는 다양한 책과 놀아야 하고, 친해질 시간을 줘야 합니다."

권순애 선생님 역시 "독서의 신이 결국 공부의 신이 된다."라는 말에 적극 공감한다고 하셨다. "저는 제대로 된 방법으로 열심히 학습하고 실력도 있는 반 아이의 부모님을 만나면 '아이를 어떻게 키우셨는지' 꼭 물어봅니다. 그러면 대부분 어릴 때부터 책을 많이 읽도록 지도했다는 말씀을 하세요. 이렇게 다양한 분야의 독서를 한 아이들은 고등학교에 가면 전 분야에서 두각을 나타내는 경우가 많죠. 이는 주변의 많은 부모님과 교사들이 증언하는 말이기도 합니다. 저학년 때는 좋은 책을 골라 함께 읽으며 책에 관해 이야기를 나눠야 합니다. 그런 공감을 통해 아이들의 독서 습관이 제대로 길러집니다. 제 딸아이는 제게 책 이야기를 자주 해줬고, 그럼 저는 매우 적극적으로 반응하고 공감해줬습니다. 어느 날은 과학책의 내용을 다 외우더군요. 얼마나 많이 읽었으면 내용을 외웠을까 싶어 대견스러울 정도였죠."

좀더 특별한 가정 독서교육의 사례는 없을까 해서 선생님들께 여쭤보니 신경자 선생님이 경험담을 들려주셨다.

"5학년 담임을 할 때였어요. 하루치 일기를 대학노트로 다섯 페이지나 쓰는 녀석이 있었어요. 내용은 읽은 책의 뒷이야기였죠. 그러니까 생활일기가 아니라 소설가 지망생의 창작노트 같은 것이었어요. 처음엔 개연성도 없고 문장도 엉망이었는데, 학기말이 될 무렵에는 제법 글의 틀이 잡혀갔죠. 그 아이의 일기에 댓글을 달며 소통하다 보니 가정 독서교육이 남달랐다는 걸 알게 됐답니다. 예를 들면 《빨강머리 앤》을 재미있게 읽고 있으면 엄마가 슬며시 그 뒷이야기인 《애이번리의 앤》을 놓아두고, 《아기돼지 삼형제》를 읽고 나면 《늑대가 들려주는 아기돼지 삼형제》를, 《나의 라임오렌지 나무》를 읽고 나면 《나의 사랑 로징냐》를 주는 식으로 아이의 상상력을 끊임없이 자극했던 거예요. 그렇게 독서 유인력을 키움으로써 결국은 아이의 글쓰기 본능까지 키우고 계셨던 거죠. 6학년이 될 무렵에는 발터 뫼르스의 《꿈꾸는 책들의 도시》를 읽고 그 뒷이야기 집필에 들어가더라고요. 그러면서 판타지 소설들을 굴비 엮듯 읽어나가는 모습을 봤습니다. 단지 다독에서 끝나는 것이 아니라, 끊임없이 연계성을 가진 독서 유인을 통해 글쓰기로까지 이어가는 그 어머님의 독서교육에 감탄했어요."

내 아이 독서의 신으로 키우는 법

교사로서의 경험에 비추어 보면, 여러 과목에 걸쳐 학습 부진아 판정을 받는 아이들 중 상당수가 어휘력이 부족하고 독해 능력이 떨어졌다. 각종 사교육으로 성적을 올리려고 하지만 독서량이 늘지 않는 이상 성적은 제자리걸음이다. 부진아를 둔 부모라면 사교육으로 단기간에 성적을 올리려 하기보다는 유익한 도서를 읽으면서 어휘와 배경지식을 늘려가는 것에 주안점을 둬야 한다. 초등 저학년일수록 속도가 조금 더디더라도 기초를 탄탄히 다지며 학습의욕을 키워나가는 게 중요하다.

교실에서 아이들을 보면 저마다 책을 좋아하게 되는 결정적 순간이 모두 다르다. 그래서 부모님들께 아이가 책을 안 읽는다고 조급해하며 다그치지 말라는 조언을 한다. 다만 독서편향이 너무 심한 아이의 경우에는 다양한 책을 읽히도록 권해드린다.

이 책의 인터뷰에 응해주신 선생님들의 가장 큰 공통점은 존경받는 교사이자 자식농사를 잘 지은 부모님이라는 점이다. 그에 앞서 가장 두드러지는 공통분모는 책을 사랑하고 독서를 즐기신다는 점이다. 그래서 선생님들께 자녀가 책과 가까워지게 하는 노하우와 함께, 역발상으로 자녀가 책과 멀어지게 하는 방법까지 질문을 드렸더니 다음과 같은 조언을 해주셨다.

자녀가 책을 가까이 하게 하는 7가지 방법

1. 아이가 책을 장난감처럼 갖고 놀아도 흐뭇하게 미소 짓는다.

2. 엄마도 함께 책을 읽는다. 최소한 읽는 척 연기라도 한다.

3. 책에 흥미가 없는 아이는 학습 만화책으로 독서를 시작하게 하고, 고학년이 될수록 글이 많은 책을 읽게끔 유도한다.

4. 엄마의 목소리는 책과 친해질 수 있는 가장 강력한 매개체다. 잠들기 전에 책을 읽어주는 '침대머리 독서교육'을 실천하자. 부모와 자녀가 한 줄씩 릴레이로 읽는 활동도 아이들은 굉장히 재미있어한다.

5. 책장에는 부모가 선정한 책과 아이가 고른 책을 절반씩 배치한다.

6. 교과공부와 연계된 독서와 아이가 관심을 갖는 분야의 독서 비율을 6:4 정도로 유지한다.

7. 책을 읽은 후에는 내용에 대해 자유롭게 이야기하도록 유도하고, 절대 독후 활동을 강요하지 않는다.

자녀가 책을 멀리 하게 하는 7가지 방법

1. 초등학교 저학년 아이가 그림만 보면서 페이지를 대충 넘기거나 낙서를 할 때, 글을 읽으라며 화내라.
2. 엄마는 드라마를 보면서, 아이에게는 "책 좀 읽어라."라며 끊임없이 잔소리를 하라.
3. 아이가 만화책만 보더라도 책만 보면 그만이라고 생각한다.
4. 아이가 한글을 읽을 수 있게 됐으니 더 이상 책을 읽어주지 않는다.
5. 아이들은 책을 고를 능력이 부족하니 무조건 골라줘야 한다고 생각한다.
6. 아이가 좋아하는 책이라 해도 어릴 때 읽은 책은 책장에서 치운다.
7. 책을 읽었으니 독후감을 쓰라고 강요한다.

득이 되는 비교

···

말로
비교하지 않고,
잘 되는 집의 비결을
컨닝하는 엄마

대학생 때 아르바이트로 그 지역에서 몇 손가락 안에 꼽히는 재력가의 자제를 가르친 적이 있다. 집안 곳곳은 놀라울 정도로 화려했지만, 그 어느 곳에서도 벤치마킹하고 싶을 만한 자녀교육의 포인트는 찾지 못했다.

무엇보다 자녀에 대한 부모님의 진심어린 관심과 배려가 느껴지지 않았다. 그때부터 아이의 학력과 인성은 부모님의 경제력으로만 결정되는 게 아니라는 생각을 하게 됐고, 그 생각은 지금도 변함이 없다.

세상에 '훌륭한 부모'가 되는 절대적인 법칙은 없을지도 모른다. 얼핏 보면 평범한 부모와 훌륭한 부모의 차이가 그다지 크지 않아 보이기도 한다. 그러나 아이들을 가르치면서 오랜 시간을 두고 지켜보면 볼수록, 훌륭한 부모와 그렇지 않은 부모에게서는 사소하지만 결코 사소하지 않은 차이를 발견할 수 있었다. 그리고 이런 작은 차이가 20년 동안 누적되며 크고 강력한 차이를 만들기도 한다는 것을 깨닫게 됐다.

그렇다면 부모의 무엇이 아이에게 가장 큰 영향을 미치는 걸까? 정답이 있는 문제는 아닐지도 모르지만, 어쨌든 훌륭한 부모님들의 공통점은 있을 것 같았다. 그래서 교직생활을 하면서 만난 훌륭한 학부모님과 평소 본받고 싶은 선배 교사들께 조언을 구해 '자녀교육이 잘 되는 집'의 공통점을 찾아봤다.

잔소리도 관심으로 바꾸는 '되는 집'만의 소통법

'되는 집'은 우선 부모와 자녀가 스스럼없이 서로의 의견을 주고받으며 끊임없이 소통한다는 공통점이 있다. 소통의 방법은 집집마다 조금씩 다른데, 저마다의 방식을 갖고 있었다. 특히 대화뿐 아니라 편지와 자녀일지 등 남다른 소통법을 활용하는 경우도 있었다.

첫 번째로 살펴볼 것은 '편지'다. 어린이날이 되면 반 아이들에게 손수 편지를 써주는 선생님이 계신다. 스승의 날에 아이들이 쓴 편지에 답을 제대로 해본 적이 없는 나로서는 그 선생님이 너무나 존경스러웠다. 부모님들도 마찬가지일 것이다. 어버이날이나 생일, 크리스마스 같은 때 아이에게서 받은 편지에 답장을 쓰는 부모는 많지 않을 것이다. 그렇다면 가족 간에 쪽지나 편지를 주고받는 '마음의 구급상자'를 만들어 그 속에 마음이 담긴 편지를 넣어둔다면 어떨까? 부모의 편지를 받은 자녀들은 분명 감동을 받을 것이다.

아이들의 행동을 바꾸고 싶다면 '물질'이 아니라 '감동'을 주는 게 필요하다. 같은 내용의 이야기도 말로 하면 '잔소리'가 되지만 예쁜 편지지에 글로 써서 담으면 '관심'이 된다. 특히 자녀가 부모의 조언이나 충고를 귀담아 듣지 않는다면 편지를 활용해볼 것을 추천한다. 글로 마음을 전달하면 말로 할 때와는 달리 감정적인 반발심이 줄어들고, 사랑과 진심이 더 깊게 전해지는 장점이 있기 때문이다.

두 번째는 '자녀일지'다. 육아일기를 쓰는 부모는 많지만 자녀가 학교에 입학하고 성인이 될 때까지 자녀일지를 쓰는 부모는 드물다. 병원도 환자 차트가 꼼꼼하게 기록돼 있는 병원이 신뢰가 가듯이 부모 역시 자녀에게 관심을 갖고 사소한 것까지 기록한다면 자녀교육에 큰 도움이 될 게 분명하다. 이 기록들은 훗날 자녀에 관한 예쁜 추억이 될 수도 있으니 일석이조인 셈이다.

내가 아는 학부모님 중에도 자녀일지를 쓰고 있는 분이 계신다. 하루는 식탁 위에 그 일지를 두고 잠시 나갔다 왔더니 아이가 읽고 있더란다. "엄마 그날 내가 그렇게 자랑스러웠어?" 하며 쑥스럽게 물으면서도 좋아하는 기색이 역력했단다. "평소 말로 칭찬하면 엄마가 또 으레 그러는구나 하며 별 반응을 안 하던 녀석이 그날은 입꼬리가 귀에 걸리도록 웃으며 좋아하는 거예요. 그 모습을 보고 있으니 제가 더 기분이 좋아지더라고요." 아이들의 성장앨범을 만들어주는 부모가 많은데, 성장앨범도 좋지만 최소한 초등학교 6년 동안만이라도 기록을 통한 자녀일지를 남겨보길 적극 추천한다.

일곱 명의 손자와 손녀를 둔 이종규 선생님께서는 기록의 소중함을 몸소 체험하고 느낀 분이다. 자녀들이 어릴 때는 초등생활 일지를 기록하셨고, 자녀들이 커서는 매달 한 번씩 하는 가족회의의 내용을 회의록에 남기셨다고 한다.

이 선생님은 "아이들의 초등생활 일지를 기록해두면 사진을 모아둔 앨범과는 또 다른 추억이 되더군요. 매일매일이 비슷비슷하게 느껴지지만, 막상 기록을 하다 보면 놓치기 쉬운 삶의 작은 순간에도 감사함을 느끼게 됩니다. 게다가 오랜 시간이 지나고 나서 보니, 일지에 담긴 아이들의 성장기 역사가 새록새록 새롭게 다가오네요."라고 말씀하셨다.

세 번째는 '감사, 사랑, 미안한 마음, 칭찬을 표현하는 수화'다. 교실에서 아이들을 지켜보고 있노라면, 친구들과 다툰 후 사과하고 싶어도 부끄러운 데다, 표현하는 데 익숙지가 않아 망설이는 경우가 있다. 그래서 우리반은 말로 하기 쑥스러울 때는 수화로 표현하기로 했다. 그리고 우리반만의 수화 '감사합니다, 사랑합니다, 미안합니다, 니가 최고야'를 아이들과 함께 만들었다.

'사랑합니다'는 손으로 하트를 만든 다음 그 아이에게 입김으로 불어서 보내는 동작이다. '미안합니다'는 원래 수화 그대로를 사용하고 있다. 부끄러움 많고 쑥스러운 아이들도 말로 표현하기 어려운 이야기는 이 수화를 이용해서 자신의 마음을 표현한다. 이처럼 수화를 활용한 감정 표현 또한 선배 교사에게서 배운 것이다. 초등학생들은 말보다 몸으로 표현하는 것에 부끄러움이 적고 더 즐거워하니까 적극 활용해보라고 조언해주셨다.

집에서도 가족끼리만 통하는 수화를 만들어서 활용해보면 어떨까? 때로는 이런 제스처나 수화가 말보다 아이들에게 더 깊은 감동을 주기도 한다. 교실에서 수화를 활용하다 보니 성격이 무뚝뚝하거나 말로 표현하는 것에 서툰 남학생들과의 소통 도구로 안성맞춤이었다.

아이들에게 말로 표현하라고 무작정 강요하기보다 발상을 전환해 다른 방법의 소통 도구를 만들어보자. 아이들과 교감하는 데 큰 도움이 될 것이다. 무엇보다 이런 과정에서 웃을 일이 많아진 것은 덤으로 얻는 행복이다. 같은 수화를 해도 어설프게 하는 아이, 귀요미 버전으로 하는 아이, 과장되게 하는 아이, 웨이브를 넣어서 하는 아이 등 그 표현의 형태가 참으로 다양하다. 그 덕분에 교실에서 웃을 일이 많아졌는데, 아마 집에서도 예상치 못한 웃음꽃이 피어날 것이다.

세상을 보는 눈을 키워주는 '되는 집'의 비결

아이들의 일기장을 보면 가족끼리 해외여행을 다녀온 내용이 꽤 많다. 초등학생 시절부터 해외 경험을 한 아이들은 아무래도 영어에 관한 동기부여도 잘 되고 무엇보다 호기심이 많은 편이다. 하지만 꼭 해외여행을 다녀야만 세상을 경험하고 미지의 세계에 대한 호기심이 생기는 건 아니다. 평범한 방법으로도 자녀들의 세상 보는 눈을 넓혀줄 수 있는데, 이에 성공한 선생님들과 학부모님들을 인터뷰하고 노하우를 정리해봤다.

첫 번째는 '신문'이다. 요즘은 인터넷으로 신문기사를 확인하는 게 보편적이고 더 스마트하게 여겨지지만 단점도 분명히 있다. 아이들의 경우 인터넷으로 자신이 필요로 하는 신문기사를 찾아 스크랩하기가 쉽지 않고, 종이 신문으로 읽는 것에 비해 가독성이 떨어질뿐더러 깊이 읽기가 힘들다.

결혼한 이후 단 한 달도 쉬지 않고, 경제신문과 일간지를 각각 한 가지씩 받아 읽는다는 선생님이 계신다. 이분께 어떻게 하면 가정에서 신문을 교육적으로 활용할 수 있는지를 여쭤봤다.

"어릴 때부터 신문을 가까이 접하는 습관을 기르면 시사에도 밝아지고 사고력과 논리력을 키울 수 있습니다. 저학년 때는 아이들 수준에 맞는 기사만 스크랩해주거나 이야기로 들려줬습니다. 4학년이 돼서는 직접 읽을 수 있도록 했고요. 5학년부터는 〈키즈타임스〉와 같은 아동용 영자 신문을 함께 해석해보고 그 내용에 대해 토론을 했습니다. 이 과정에서 사전을 찾아보는 습관도 함께 기를 수 있어 좋았죠. 이런 시간들이 누적되니 아이는 한글 독해력뿐만 아니라 영어 독해력도 함께 늘었습니다."

이뿐만이 아니다. 신문기사를 통해서 자녀의 진로교육을 할 수도 있다. 이영남 기자가 쓴 책 《너의 꿈에는 한계가 없다》에는 외과의사, 방송국 피디, 아나운서, 통역사 등 18개의 전문직 종사자들의 이야기가 담겨 있다. 그중 식품영양학과를 졸업하고 28세에 변리사가 된 손정희 씨는 "부모님께서 진로와 직업에 대한 신문기사들을 스크랩해 저의 책상에 두시곤 했습니다. 한번은 '대한민국 최초 여성 변리사'라는 기사가 책상에 놓여 있었어요. 그때부터 변리사에 대해 막연히 관심을 가졌죠."라고 말했다. 이처럼 자녀에게 도움이 될만한 신문기사를 스크랩해서 함께 읽고, 이야기를 나누는 것 자체가 진로교육이 될 수 있다.

한편 신문으로 책을 읽는 것 못지않게 교양을 쌓고 다양한 정보를 접하게 할 수도 있다. 세계적인 작가 베르나르 베르베르도 자신의 상상력은 '신문'에서 비롯됐다고 말했다.

"신문에는 인간의 모든 것, 세상의 모든 것이 담겨 있어요. 신문을 읽으면 지구 반대편의 어느 도시에서 어떤 사람이 무슨 일을 했는지 다 알 수 있죠. 신문은 제가 세상을 바라보는 창입니다. 제가 쓴 소설들의 주제나 소재는 대부분 신문에서 발굴한 것이라고 해도 과언이 아닙니다."

두 번째 비결은 '세계지도와 지구본'이다. 많은 선생님들이 추천해주신 방법이자 꼭 인터뷰해보고 싶었던 부부교사의 책에 나온 방법이기도 하다. 초등 부부교사이자 6권의 책을 쓰신 김성현, 김은혜 선생님과 인터뷰 약속을 잡았지만 사정이 생겨 직접 만나 뵙지는 못했다. 그분들을 인터뷰하고 싶었던 이유 중 하나는 두 분이 쓰신 《초등부모학교》라는 책 때문이었다. 자녀교육에 있어 중요한 것은 경제력이 아니라 '부모력'이라는 부분을 인상 깊게 읽었다. 이 책 속에서 두 선생님이 부모력을 갖기 위해 '집 안에 반드시 두어야 할 세 가지'로 꼽은 것이 바로 '우리나라지도, 세계지도, 지구본'이다.

부모는 글로벌 시대를 살고 있는 자녀에게 더 넓은 세상과 세계 여러 나라들을 소개해야 할 의무가 있다. 국내와 해외지도, 그리고 지구본을 아이의 시선이 잘 닿는 곳에 비치하라. 우리나라의 위치, 주변국과 도시의 위치, 수도 그리고 국기 등을 파악하는 유용한 지리 학습 도구가 될 것이다.

이는 아이들에게 세계가 얼마나 넓고 다양한 문화가 존재하는지 체험하게 하는 도구이기도 하지만 학과수업에도 큰 도움이 된다. 수학이나 영어를 잘하는 학생도 사회과목은 너무나 어려워하는 경우가 의외로 많다. 사회과목은 공식이나 법칙이 따로 없고 외울 것이 너무 많게 느껴지기 때문이다. 교사들조차도 고학년 사회과목은 가르쳐야 할 내용이 어렵고, 그 범위도 방대하다고 느낀다. 그렇다 보니 집에 우리나라지도, 세계지도, 지구본을 꼭 비치해두라는 선생님의 말씀이 더 절실하게 다가온다. 어릴 때부터 지도를 가까이 한 아이는 초등 사회과목과 중고등학교 때 배우는 지리과목을 상대적으로 더 친숙하게 느낄 수밖에 없다.

세계지도를 펴놓고 부모가 여행한 나라, 혹은 가족 모두 함께 다녀온 나라를 표시해가며 그 나라와 도시에 대해 이야기를 나눠보자. 교과서의 내용을 무작정 달달 외우거나, 무턱대고 나라이름과 수도이름, 기후와 특산물을 외우게 할 때와는 다른 흥미가 생길 것이다. 그런 과정을 통해 세상이 넓고 흥미진진한 곳임을 알려주는 것도 즐거운 사회공부가 될 수 있다. 그렇게 우리가 살고 있는 지구와 그 안에 존재하는 수많은 나라를 하나씩 알아가다 보면 어느새 자기만의 세계지도를 그리게 되고, 더 넓은 세상을 경험하고 싶은 꿈도 생길 것이다.

자녀의 꿈을 키워주는 '되는 집'의 비결

되는 집의 또 다른 비결은 바로 '비전보드'다. 재작년에 수석교사 양경윤 선생님은 자녀들의 비전보드를 제작하면서 내게도 비전보드를 손수 만들어 선물해주셨다. 선생님은 집안에서 가장 눈에 잘 띄는 곳에 비전보드를 걸어둔다고 하셨는데, 양 선생님이 권해주신 비전보드의 형식은 보드판에 5년, 10년 뒤의 내 모습이나 갖고 싶은 것들을 사진과 글로 정리해 붙이는 것이다. 그리고 미래에 이뤄지기를 소망하는 일을 이미 성취한 것처럼 여기며, 감사하는 마음을 갖는 것이다. 비전보드를 방에 걸어두고 매일 보면서 원하는 미래에 대한 문구를 읽다 보니, 자신도 모르게 그렇게 되기 위해 매일 조금씩 노력하게 되는 장점이 있다.

《성공의 법칙》의 저자 맥스웰 몰츠는 인간의 뇌는 설정된 목표를 자동적으로 수행하는 미사일의 유도장치와 같다고 했어요. 그러면서 이것을 '사이코-사이버네틱스정신적 자동유도장치'라고 정의했죠. 우리가 성공이라는 목표를 설정하면, 정신적 자동유도장치에 의해 성공을 향해 나아가게 되지만, 반대로 실패를 떠올리면 실패하고 만다는 것입니다. 결국 긍정적인 성공 이미지를 가져야 성공할 수 있다는 거예요."

선생님의 말씀을 들으면서 헬렌 켈러 이야기가 생각났다. 앞을 보지 못하는 것보다 더한 불행이 있느냐는 질문에 그녀는 "비전이 없는 것이 더 불행하다."라고 대답했다. 헬렌 켈러의 말처럼 아이의 인생에서 비전을 세우는 것만큼 중요한 일은 없다. 항공권을 예매할 때조차 목적지가 없이는 예약 자체가 불가능하다. 부모님들의 관심과 성화에 못이겨 열심히 공부해온 아이들도 스스로 세운 비전이 없다면 더는 앞으로 나아갈 수가 없다. 공항까지는 왔는데 어디론가 출발하지 못하고 그 자리에서 서성이는 것과 다를 바 없는 것이다.

아이들 스스로 원하는 목적지를 선택하고 그곳으로 향하는 비행기를 탈 수 있도록 기회를 줘야 한다. 부모가 원하는 비전이 아닌 자녀들이 간

절하게 원하는 비전을 가질 수 있도록 도와줘야 하는 것이다. 나는 그 방법 중 하나가 바로 양 선생님의 비전보드라고 생각한다.

그렇다면 '비전'이라는 말의 정확한 뜻은 무엇일까? 비전과 꿈은 어떻게 다른 것일까? 스위스 국제경영개발원IMD의 교수인 자크 호로비츠 박사는 "비전은 마감일이 있는 꿈이다."라고 말했다. 비전과 꿈에 관한 정의 중 가장 명쾌하게 와 닿는 말이다. "나는 외교관이 되고 싶다."라는 말은 그저 꿈에 불과하다. 그러나 "나는 스물일곱 살이 되기 전에 외무고시에 합격한다."라는 것은 비전이다. 즉, 마감일이 있고 없고가 꿈과 비전을 가르는 기준이 되는 것이다. 마감일이 있다는 것은 그만큼 효율적으로, 계획성 있게, 추진력을 갖고 준비한다는 것을 뜻한다.

교실에서 아이들을 살펴보면 나름의 비전을 갖고 있는 아이는 대체로 자기주도적인 생활을 한다. 그러니 자녀가 장래희망을 이야기할 때, 부모는 그 꿈을 이루기 위한 비전도 반드시 함께 물어봐줘야 한다.

자녀가 비전을 가질 수 있도록 어떤 도움을 주면 좋을까?《아이의 미래, 초등교육이 전부다》를 쓴 박용재 선생님은 아이에게 다양한 경험을 할 기회와 스스로 비전을 세울 기회를 주는 것이 부모의 역할이라고 하셨다.

"자녀의 성장과 발달에 대한 지식을 구하는 데 최선을 다하고, 그에 맞는 환경을 제공해줘야 합니다. 이런 고민을 하다 보면 자연스럽게 필요한 것들을 채워나갈 수 있습니다. 특히 다양한 지식과 경험을 습득할 수 있도록 해줘야 합니다. 앞으로 어떤 경험을 해나갈지에 대해서도 아이와 의견을 나누는 게 중요하죠."

박 선생님은 비전을 가진 아이로 키우겠다는 것에만 집착해, 아이에게 부모의 꿈을 강요하며 그 길만 알려주는 건 아닌지 생각해봐야 한다고 당부하셨다. 나는 이 말을 들으면서 훌륭한 부모와 그렇지 않은 부모의 사소한 차이가 바로 여기에 있는 게 아닐까 하는 생각이 들었다.

사교육 활용법

···

학원을
습관처럼
다니게 하지 않는
엄마

"선생님, 오늘 몇 시에 끝나요?"

소풍 날, 초등학생들이 교사에게 가장 많이 하는 질문이다. 소풍이 즐거워서 오래 즐기고 싶어서가 아니라 학원에 가기 싫은 마음에 물어보는 것이다. 교사가 학교에 도착하는 예상시간을 알려주면 학생들 사이에서 희비가 엇갈린다. 학원을 안 가게 된 아이들은 환호성을 지르고 학원에 가야 되는 학생들은 이내 시무룩해진다.

수업시간에 "교과서 펴보자."라고 말하면 "공부하기 싫어요. 다른 거 하면 안 돼요? 이건 학원이나 공부방 가서 하면 돼요."라고 말하는 아이들이 꽤 있다. 이런 아이들이 평소 버릇이 없거나 성실도가 떨어진다면 교사의 놀라움은 줄어든다. 그러나 나무랄 데 없이 성실한 학생들 중에도 그러는 경우가 있는데, 보통 오후 시간 대부분을 학원이나 공부방에서 보내는 아이들이다. 영어학원은 기본이고 학습 관련 학원도 두 군데 이상 다니는 아이들이 많다.

그중에는 솔직히 '학원까지 다니는데도 영어, 수학 실력이 저 정도라니……. 엄마의 돈과 아이의 시간이 너무 아깝다'는 생각이 들 정도로 학습능력이 떨어지는 아이들도 있다. 이런 경우 어머니가 아이에게 학원이 전혀 도움이 안 된다는 것을 모르거나, 알고 있더라도 학원에만 보내면 어떻게든 성적이 오를 거라는 막연한 기대를 품고 있는 경우가 많다.

그래서 학원을 다니는데도 좀처럼 학업 성적이 오르지 않는 학생에게는 학교 수업에 충실할 것을 권한다. 학원 때문에 스트레스 받는 대신 집에서 EBS 강의를 듣는 것도 좋은 방법이라는 조언도 덧붙인다. 공부를 잘하는 아이들에게는 학원의 도움을 받지 않아도 잘할 것 같으니, 자기주도학습도 해볼 겸 학원을 끊어보면 어떻겠느냐고 제안한다. 사실 대부분의 어머니들은 습관처럼 아이를 학원에 보내고, 아이들은 인생의 숙제처럼 학원을 다니고 있다. 지금부터라도 이렇게 맹목적으로 따르던 것들이 정말 내 아이에게 필요한지 한번쯤 되돌아볼 필요가 있다.

사교육보다 더 특별한 교육이 있다

인터뷰 도중 선생님들이 "절대 아니다."라며 부정적인 대답을 가장 많이 한 것은 사교육의 효용성에 대한 것이었다. "지금은 직장인이 되고 학부모가 된 제자도 많으실 텐데요. 초등학교 때 학원에 많이 다닌 아이들이 명문대에 가고 남들이 부러워하는 직장에 취직하고 소위 성공을 하던가요?"라고 물었다.

교직생활 21년 중 절반을 6학년 담임을 맡아왔던 신경자 선생님 역시 "절대 아니다."라고 자신 있게 답하셨다. "학습지 풀고 학원에 가는 것보다 책읽기를 즐겨하고, 뭐든 자신이 하는 일에 소신 있는 녀석들이 무언가가 돼 있었어요. 물론 사교육을 열심히 받은 아이들 중에서도 책을 두루 읽고 매사 적극적이던 녀석들은 원하는 일을 하고 있지만 말이죠. 초등학교 때의 성적을 좌지우지하기 위해 가는 학원은 결코 미래를 위한 필요충분조건이 아닙니다."

똑같은 질문에 권순애 선생님도 "절대 아닙니다."라고 단호하게 답했다. "책을 좋아하고 즐겨 읽던 아이들이 잘 되는 것은 많이 봅니다. 좋은 독서법과 독서량이 실력이라고 확신해요. 이는 제 딸아이를 통해서도 증명된 사실이죠. 제 딸은 초등학교 때 학습 학원 근처에도 안 갔습니다. 중학교에 가서야 처음으로 영수학원에 다니기 시작했어요. 첫 한문 시험에서는 20점을 받아오더군요. 약간 뒤처지는 느낌은 있었는데 고등학교에 입학하니 실력이 일취월장했습니다. 많은 독서량과 스스로 공부하는 습관이 빛을 발했다고 생각해요."

여기서 선생님들의 "절대 아니다."라는 답변이 "학원에 보내면 아이가 절대 성공할 수 없다."의 의미가 아님은 어머니들도 잘 아실 것이다. 아이가 자신의 부족한 점을 보충하기 위해 스스로 학원에 가기를 원하거나, 부모가 아이의 적성을 찾아주는 진로교육의 한 방법으로 사교육을 이용하는 것은 바람직하다. 그러나 요즘 학부모들의 사교육 의존도는 거의 강박에 가까울 정도다. 심지어 아이가 학교에 입학해서 그림을 수준 미달로 그릴까봐 걱정돼 미술학원에 보내는 분들도 많다.

하지만 그림을 못 그리는 것은 중요한 문제가 아니다. 중요한 것은 그림을 그리는 과정에서 벌어지는 문제들이다. 준비물을 챙겨오지 못한 짝꿍에게 자신의 미술 도구를 빌려줄 줄 알아야 하고, 만일 본인이 준비물을 챙겨오지 못한 날은 다른 친구에게 빌릴 줄도 알아야 한다. 그림을 잘 그리면 더할 나위 없이 좋겠지만, 그렇지 못해도 자신의 느낌을 충실히 표현하고 성실히 마무리하면 그걸로 충분하다.

어머니들 중에 아이가 학원 숙제할 시간적 여유도 없을 정도로 빡빡하게 학원 스케줄을 짜주는 분들이 있다. 쉬는 시간에 우거지상을 하고 영어학원 숙제를 하거나 수학 학습지를 푸는 아이들을 보고 있노라면 안쓰럽기까지 할 정도다. 심지어 수업시간에 교과서 밑에 학습지를 숨겨두고 문제를 푸는 학생도 있다. 수업시간에 그러면 안 된다고 혼을 냈더니 아이는 "수업시간이 아니면 숙제할 시간이 없어요."라며 힘없이 말했다. 학교 수업을 마치면 바로 학원으로 가고, 학원이 끝나면 곧이어 다음 학원으로 가느라 숙제할 시간적 여유도 체력도 부족하다는 것이다.

이런 경우에는 정말 고민이 된다. 모든 게 과유불급이라고, 지나친 사교육은 자제하심이 어떻겠느냐고 어머님께 한마디 참견의 말씀을 드려야 할지, 아니면 참고 지켜봐야 할지 말이다. 더구나 아이러니한 것은 이렇게 학원으로만 점철된 아이들의 학교 성적은 대개 중상위권에 머문다는 점이다. 오히려 톱의 자리는 늘 학원을 '적당히' 다니는 아이들의 몫이다.

학부모님들과 상담을 하다 보면 특이한 점을 발견하게 된다. 한국의 공교육은 누구나 똑같이 누릴 수 있는 혜택이지만 사교육은 내 자녀만이 누릴 수 있는 특별함으로 여기는 분들이 의외로 많다는 점이다. 하지만 이제 사교육은 더 이상 특별한 교육이 아니다. 왜냐하면 모두가 하고 있기 때문이다. 남다른 결과를 얻고 싶다면 남다른 것을 해야 한다. 남보다 특출하고 싶다면 남보다 특출한 전략이 필요한데 사교육은 더 이상 특별한 전략이 되지 못한다.

최근 한 매체에서 조사한 결과, 서울대 신입생 중에서 사교육을 받은 경험이 있는 학생은 열 명 중 아홉 명으로 그 비중이 상당히 높았지만, 학업 성취에 가장 큰 영향을 준 요인은 '자기주도학습'을 꼽은 학생이 압도적으로 많았다. 이는 스스로 공부하는 습관이 없다면 고가의 사교육도 무용지물이라는 뜻으로 해석할 수 있다. 어떤 학원을 보내야 할지를 고민하기 전에 아이의 공부 습관이나 학습의욕을 먼저 확인해야 한다. 그리고 학원에만 아이를 맡겨두지 말고, 엄마가 관심을 갖고 발전 사항을 체크하면서 끊임없이 격려해줘야 한다.

사교육보다 더 특별한 교육은 자기주도학습이다. 첫 시작은 '엄마주도학습'으로 이뤄지더라도 점점 아이가 중심이 되는 '자기주도학습'으로 전환될 수 있도록 도와주고 격려하는 것이 내 자녀만 누릴 수 있는 '특별한 교육'인 것이다.

사교육 활용에도 밀당 기술이 필요하다

사교육 활용법에 대한 가장 명쾌한 답은 바로 "아이가 행복해하지 않으면 안 한다."이다. 그런 의지로 지금껏 아이를 교육시키고 있는 선생님이 계시기에 소개해볼까 한다. 아주 유쾌하고 쿨한 분인데 자식을 아끼고 사랑하는 마음이야 여느 어머님들과 다를 바 없지만 딱 한 가지 다른 점이 있다. '연연해하지 않는다'는 것이다. 그리고 두 아들은 청학동 아이들처럼 엄마를 '어머니'라고 불렀다.

"6학년이던 큰아들이 중학교 입학에 대비해 영어학원을 다니고 있었는데, 영어 단어 외우기가 싫었는지 학원이 지겹다며 다니기 싫다고 말하더군요. 그래서 두 번 권하지도 않고 '아들! 참 잘 됐구나. 엄마도 보석 박힌 신형 김치냉장고가 너무 갖고 싶었는데 아들 덕분에 학원비 굳었으니 냉장고 사면 되겠다!' 하고는 바로 학원을 끊었어요."

이 선생님은 동료 교사인 우리에게도 특유의 밝고 긍정적인 말투로 새 김치냉장고를 들여놓으니 너무 좋다고 하셨는데 진심처럼 들렸다. 몇 달 뒤 큰아들의 근황이 궁금해서 여쭤보니 딱 한 달 보름을 놀던 아들이 다시 학원에 보내달라고 했다는 것이다. 그 선생님은 김치냉장고 할부가 끝나려면 몇 달 더 있어야 하는데 아쉽다면서, 못 이기는 척 학원에 다시 등록해주셨다고 한다. 역시나 아들은 그전과는 달리 의욕적으로 학원에 다니며 숙제도 알아서 열심히 하더란다.

교육 현실상 사교육을 안 시키기가 어렵다면 좀더 현명한 방법으로 시켜보자. 우선 학원에 가는 것을 스스로 선택하게 하면 아이들의 불만은 줄어들 것이다. 학급 운영에 있어서도 마찬가지다. 매년 학예회 종목을 정할 때 "올해는 댄스다, 합창이다."라고 통보하면 아이들의 불평이나 불만이 많아지고 책임감도 떨어졌다. 반면 학급 회의를 열어서 아이들 스스로 원하는 것을 결정할 수 있게 해주면 참여도와 적극성에 있어 확연한 차이를 보였다.

아이가 다닐 학원을 정할 때도 마찬가지다. 엄마가 다 정해놓고 무작정 다니라고 하지 말고, 집 근처 학원을 중심으로 사전조사해 후보군을 압축한 뒤 아이와 상의해서 결정해보자. 이때 아이의 의견이 충분히 반영된다는 느낌을 줘야 한다. 그렇게 학원을 정하면 아이의 책임감이나 적극성이 훨씬 커진다. 혹여 아이가 학원에 다니기 싫다고 하거나 불성실한 태도를 보일 때는 "네가 선택한 거니까 책임감을 갖고 다녀라."라고 말할 근거가 생기고, 아이들도 수긍하게 된다.

사교육을 현명하게 이용하는 또 다른 방법을 알려주신 선생님이 계신다. 나의 은사님이자 36년차 교사이신 김판갑 선생님이다. 김 선생님은 존경받는 교사이자, 쌍둥이 형제를 남부럽지 않게 키우신 훌륭한 부모님이다. 선생님께 자녀들의 학창 시절에 어떤 사교육을 시켰는지 여쭤봤다. 역시나 남다른 답을 주셨다.

"믿기지 않겠지만, 아이들이 학원에서 공부하는 걸 싫어해서 대학 입학까지 교과 사교육은 전혀 시키지 않았어요. 대신 초등학교 때 피아노, 미술, 수영, 태권도, 축구, 육상 등을 일 년이란 기간을 정해서 골고루 경험하도록 했고, 중고등학교부터는 학교 공부에 충실할 수 있게 했죠."

김 선생님은 아이들의 특기 적성을 위한 사교육은 적극적으로 지원해주셨다면서, 특히 초등학교 때 예체능 사교육은 아이가 원한다면 두루두루 체험시킬 필요가 있다고 하셨다. 선생님의 쌍둥이 아들은 학업과 인성뿐 아니라 다방면에 재능을 가진 건강한 청년으로 자라나 선후배 교사들의 부러움을 한몸에 받고 있다.

엄마들의 집단 신경증에 아이들의 눈빛도 흔들린다

현직 교사들 중에서도 자녀교육을 하는 데 사교육의 도움을 받는 분들이 있다. 나 역시 아이가 생기면 사교육에서 자유롭긴 어려울 것이다. 교육대학교에 입학 면접을 보러 갔을 때 교수님께서 "나중에 자녀를 낳으면 사교육을 시킬 것인가?"라는 질문을 하신 적이 있다. 살짝 고민했지만 솔직하게 "네! 필요하다고 생각되면 사교육을 시킬 것 같습니다."라고 대답했다.

그 대답을 한 지 13년이나 지났지만 내 생각에는 변함이 없다. 다만 저 문장 앞에 한 가지 전제를 붙이고 싶다. 지금 똑같은 질문을 받는다면 "아이와 부모가 동시에 필요하다고 생각한다면 시킬 것 같습니다."라고 대답할 것이다.

아이들이 엄마와 갈등하는 중심에 사교육이 자리잡은 경우를 많이 봐왔다. 국어시간에 글쓰기를 하면 아이들은 대체로 '가족'을 주제로 글을 쓰는데, 엄마와 애틋한 정을 나누는 사랑스러운 글이 아닌 경우가 많다. 글 속에서는 아이와 엄마가 서로 으르렁거리며, 엄마를 '마귀할멈'이라고 부르곤 한다. 그런 아이들은 열이면 열 모두 "엄마 때문에 학원에 다니고 있는데 학원만 아니면 내 인생이 행복할 것 같다."라고 말한다.

소아정신과전문의 서천석 박사는 《하루 10분, 내 아이를 생각하다》라는 책에서 다른 집 아이들과 비교하면서 우리 아이만 뒤떨어지는 게 아닌지 염려하는 것은 이 시대 부모들의 '집단 신경증'이라고 했다. 특히 사교육에 있어서는 이 신경증이 과하게 발휘되고 있다. 학원만 보내면 학업적인 면이 모두 해결될 거라고 생각하거나, 공부가 아이 인생의 전부라 여기는 것은 정말 위험하다. 아이의 점수가 조금만 내려가도 안달복달하며 마음이 천국과 지옥을 오가듯 흔들리면 아이의 눈빛과 미래도 같이 흔들린다는 것을 잊어서는 안 된다.

늦은 밤까지 학원 다니느라 심신이 지쳐, 다음날 학교 수업에서는 멍한 눈빛으로 앉아 있거나 책상에 엎드려 있는 내 아이를 상상해보자. 엄마의 불안이 아이의 몸과 마음을 피폐하게 만들고 있는 것은 아닐까.

아빠 효과

...

아빠와 아이가
더 가까워지게
다리를
놓아주는 엄마

미술 시간에 가족을 그리다 보면 가끔 "선생님, 가족을 전부 다 그려야 하나요?"라고 묻는 경우가 있다. 형과 싸운 날은 형만 빼고 그리거나, 아빠는 생략하고 엄마만 그리고 싶어하는 아이들도 있다. 혹은 엄마 아빠를 함께 그릴 때도 엄마는 스케치북 절반 크기만큼 그리고 아빠는 본인보다 더 작게 그리는 아이도 있다. 이런 아이는 아빠와 함께 보낸 시간이 너무 짧은 탓에 애착이 덜 해서일 수도 있고, 관계가 좋지 않아서 무의식적으로 거부하는 것일 수도 있다.

15년차 초등학교 교사인 박용재 선생님의 책《아이의 미래, 초등교육이 전부다》를 보면 아빠를 동물 중에서 '개'로 표현한 아이의 이야기가 나온다. 아이에게 가족을 동물로 표현해보라고 했더니 엄마는 나비, 자신은 새, 언니는 토끼, 그리고 아빠는 '개'로 표현해놓았단다. 이유는 '내 부탁을 잘 들어주고 잘 놀아줘서 개 같다.'라는 것이다. 박용재 선생님은 다소 어처구니없지만 순수한 아이의 모습에 절로 웃음이 났다면서 최선을 다한 아빠에게 박수를 보내고 싶었다고 하셨다.

두뇌발달 측면에서도 아빠의 역할은 중요하다. 우뇌를 자극하는 엄마의 놀이, 좌뇌를 자극하는 아빠의 놀이가 함께 이뤄져야 아이의 뇌가 고르게 발달할 수 있다. 아빠와 사이좋은 아이들이 대체로 똑똑하고 사회성도 좋다고 한다. 그러니 비록 아이의 그림에서 '잘 놀아주는 개'로 표현

될지라도 함께 여행도 다니고 책도 읽어주는 친근하고 다정한 아빠가 환영받는 시대임은 틀림없다.

아빠가 양육에 적극적일수록 아이는 똑똑해진다

수석교사 권순애 선생님도 자녀교육에 있어 아버지의 역할이 얼마나 중요한지 경험담을 들려주셨다.

"저도 아이를 키우기 때문에 인성 좋고 실력도 있는 아이들의 부모님을 만나면 꼭 물어봅니다. 어떻게 키웠느냐고요. 특히 6학년 담임을 맡을 때는 반드시 물어봤어요. 그러면 대부분의 어머님들이 대답하시기를, 아이가 본능적으로 책을 정말 좋아했다고 합니다. 어릴 때부터 쌓아온 독서량은 6학년이 되면 실력으로 드러나거든요. 그다음으로는 아빠의 역할에 대해 강조하세요. 여자 아이들 중에 뾰족하게 굴지 않고 두루 원만하게 지내고 공부도 잘하는 아이들이 있는데, 그런 아이 뒤에는 대부분 아빠가 있습니다. 아빠가 아이와 각별한 대화의 시간을 갖거나 함께 운동을 하거나 여행 또는 등산을 즐긴다고 합니다. 그래서 저도 남편에게 아빠 역할의 중요성을 거듭 강조했어요. 그랬더니 남편도 많이 노력을 하더군요."

권 선생님의 남편은 아버지학교를 수료할 정도로 자녀교육에 관심이 많고 적극적이라고 하셨다. 덕분에 아이들은 엄마보다 아빠를 더 좋아한단다. 뿐만 아니라 두 아이 모두 나중에 자식을 낳으면 엄마 아빠처럼 키울 거라고 해서, 그 말에 많은 감동을 받으셨다고 했다.

교실에서 유독 마음이 따뜻하고 사회성이 좋은 아이들을 만나면 부모님이 어떤 분이실까 궁금해진다. 그래서 일기장도 좀더 유심히 읽어보고 쉬는 시간에 아이들과 대화도 나눠보면 대체로 아빠 이야기를 많이 한다. 그런 아이들의 아버지는 학교 행사에도 적극적으로 참여해주신다.

한 달에 한 번씩 전교생이 함께 등산을 가는 활동이 있었다. 고학년인 경우 학생들만 가도 괜찮지만 1, 2학년은 안전을 위해서 학부모님들이 동참해주신다. 대부분 어머니가 오시는데 청일점으로 혼자 참여하신 아버지가 있었다. 어머니들 사이에서 쑥스럽기는 하지만, 자녀와 동행한다는 것에 더 의미를 두신다며 웃으셨는데 그 모습이 참 인상적이었다. 그날 아이는 그 어느 때보다 밝았고, 아빠가 와주신 걸 자랑스러워했다.

인도에는 이런 전설이 있다. 엄마는 아이를 품에 안고서 "엄마가 편안하게 해줄게."라고 말하고, 아빠는 아이를 산 정상으로 데려가 "보아라, 이것이 바로 세상이다. 네게 세상을 보여주겠다."라고 말한다는 것이다. 이 전설에서처럼 엄마는 아이를 편안하게 해주려는 모성 본능을 지니고 있다. 요즘은 남녀 성역할의 구분이 없고 양성성이 요구되는 시대지만, 그래도 엄마와 아빠의 역할은 다르고 그것에 따라 유대감 형성의 방식 또한 다를 수밖에 없다. 그렇기 때문에 육아에 있어 아빠가 협력자 혹은 보조자라는 생각을 버려야 한다. 엄마와는 다른 역할로 육아를 담당하고 있는 또 한 명의 육아 담당자라는 생각의 전환이 필요하다.

영국 개방대학 심리학과 다니엘 네틀 교수팀은 아빠의 양육 참여가 아이들의 뇌 발달과 성장에 미치는 영향을 연구해왔다. 1958년에 태어난 17,000명의 영국인들의 삶을 추적해온 결과, 아빠가 자녀교육에 시간을 많이 투자한 아이일수록 공부를 잘하고 성인이 돼서도 성공할 가능성이 높은 것으로 나타났다.

학교 행사에 오는 아빠가 주목받는 이유

캐나다 통계청의 한 자료에 따르면, 아빠와 친밀한 관계를 맺는 아이들은 그렇지 않은 아이들에 비해 우울증세가 낮게 나타난다고 한다. 캐나다의 청소년 908명을 대상으로 수행한 연구 결과, 부모와 관계가 나쁜 아이는 정서적 불안을 더 많이 겪는데 특히 엄마보다 아빠와의 관계가 나쁠 때 그 정도가 심한 것으로 나타났다. 우리가 짐작하는 것보다 아빠의 영향이 크다는 것을 알 수 있는 대목이다. 이제 교육은 엄마 혼자서 아등바등 애쓴다고 되는 시대가 아니다. 아버지의 관심과 참여가 점점 더 절실해지고 있다.

학부모 상담이나 공개수업 때 아버지가 참석하는 가정이 있다. 작년 공개수업 때도 총 스물한 분이 참석해주셨는데 그중에 세 분이 아버님이셨다. 세 분 모두 수업이 끝날 때까지 지켜보신 후 담임교사인 나에게 자녀의 수업태도나 평소 학교생활에 대해 간단하게 상담을 하셨다. 이렇게 아버지가 자녀교육에 관심을 가져주면 '아이의 교육에 관심이 많은 집안이구나' 하는 생각이 들 뿐만 아니라, 교사로서 내심 반가운 마음도 들고 안심도 된다.

영어 전담교사로 근무할 때, 교내 영어말하기 대회에 아버지가 참석한 적도 있었다. 대학에서 교수로 재직중인 분이었는데 다른 아버지들처럼 바쁘신 와중에도 남다른 관심을 갖고 참석하신 듯했다. 아버지가 참석한 그 아이는 발표 초반에는 긴장을 해서 외웠던 내용을 까먹고 많이 당황해했다. 그러다가 아버지와 눈이 딱 마주쳤다. 아이의 발표내용을 함께 외운 아버지는 입모양으로 아들이 까먹은 부분을 알려주고는 엄지손가락을 치켜들며 응원을 하셨다. 아이는 차분하게 다시 발표를 이어나갔고 결국 좋은 성적으로 상까지 받을 수 있었다. 그 모습은 여러 학부모와 심사위원인 교사들에게 흐뭇함을 안겨줬다.

엄마는 안식의 대상, 아빠는 인정받고 싶은 대상

30년 넘게 교직생활을 해오신 박찬욱 선생님은 젊은 시절 건강이 좋지 않은 아내 대신 6년간 육아를 전담하셨다. 선생님은 지금 남부럽지 않게 훌륭하게 자란 자녀들을 보면서 그 시간이 더없이 감사하다고 말씀하셨다. 선생님은 자녀교육에 있어 아빠의 효과를 구체적으로 설명해주셨다.

"다양한 실험을 통한 연구 결과, 여학생들은 남학생들에 비해 공감 능력은 뛰어나지만 구조화하고 체계화하는 능력은 상대적으로 떨어집니다. 교실에서 30년 넘게 아이들을 지켜봐온 제 경험으로도, 여학생들은 대체로 국어와 영어에 높은 흥미를 느끼고 잘하는 반면, 수학과 과학을 어려워하는 경우가 많습니다. 유아 때부터 아빠가 장난감을 비롯해 다양한 학습 도구를 적극적으로 활용한다면, 여자아이에게 부족한 공간 지각력이나 분석하고 체계화하는 능력을 자연스럽게 길러줄 수 있습니다. 이러한 활동들은 엄마보다는 아빠가 함께해줄 때 더 효율적이라고 생각합니다. 우리 딸은 아빠 그리고 두 오빠와 함께 그런 활동을 많이 해서인지 과학을 가장 흥미로워했고, 카이스트에 진학했죠. 지금 서른 살인데 공부가 해본 것 중 제일 재미있다며 박사과정을 밟고 있어요."

이처럼 부모는 서로의 역할이 다르기 때문에 함께 양육에 관심을 기울인다면, 아이를 균형 잡힌 인격체로 성장시키는 데 큰 도움이 될 수 있다. 철학가 장 자크 루소의 말처럼 '아버지와 자식의 유대는 만들어가는 것'이다. 이제는 아버지들이 아이와 적극적인 유대를 형성하기 위해 노력해야 할 때다.

한 선배 교사분은 며느리가 일 년간의 출산휴가를 마칠 무렵, 아들에게 출산휴가를 내고 육아경험을 해보라고 적극 추천하셨다고 한다.

"보통 자녀교육은 엄마가 담당하고, 아버지는 가족의 생계를 책임지는 역할을 맡게 됩니다. 그런 이유로 대부분의 아버지는 자녀교육에 무관심하거나 많은 시간을 투자하지 않습니다. 그런데 역설적이게도 많은 아이들이 아버지를 통해 세상을 만나고 느낍니다. 아버지가 세상을 바라보는 안경이 되고, 통로가 돼주는 것이죠. 아버지가 들려주는 이야기가 곧 위인전이고 인문학인 것입니다."

선생님은 아빠와 함께한 다양한 추억이 많은 학생이 회복 탄력성이 높고 무엇이든 스스로 해결하려는 의지도 강하다고 하셨다. 이는 엄마와는 다른 아빠만의 문제해결 방식을 배우기 때문이라는 것이다.

스웨덴 정부는 육아휴직 기간 중 최소 60일 이상은 반드시 부부 중에 다른 성의 부모가 사용하도록 제한하고 있다. 엄마, 아빠가 쓸 수 있는 육아휴직 기간 총 480일 중 적어도 60일은 아빠가 써야 한다는 뜻이다. 만약 아빠가 육아휴직을 사용하지 않으면 '60일의 권리'는 사라진다. 스웨덴 정부의 이런 노력은 남성의 육아 참여를 장려하기 위함이다.

우리나라에서 당장 이런 복지를 기대하긴 이르지만, 가정에서 아빠들이 아주 사소한 것부터 하나씩 실천해나갈 수는 있다. 특히 이 부분에서는 엄마들의 역할이 중요하다. 아이와 아빠의 사이가 더 친밀해질 수 있도록 다리 역할을 하면서, 적절한 역할 분담을 통해 아빠도 자녀교육에 참여할 수 있도록 유도해야 한다.

말의 힘

...

자녀교육은
말에서
시작된다는 것을
아는 엄마

아침 독서시간과 1교시 수업시간 사이에 쉬는 시간이 있다. 이때 아이들과 이런저런 이야기를 많이 나누는데, 하루는 부모님께 듣는 말 중 가장 싫은 말이 무엇이냐고 아이들에게 물은 적이 있다. 처음엔 다들 쭈뼛쭈뼛하더니 한 아이가 "학원 갈 때 엄마가 '너한테 들이는 돈이 얼마인줄 알기나 하니? 열심히 하고 와'라고 말씀하세요. 제가 보내달라고 한것도 아닌데……."라며 말문을 열었다. 그제서야 다른 아이들도 참아왔던말을 쏟아내기 시작했다. 아이들이 가장 듣기 싫은 말은 놀랍게도 비슷했다.

"그따위로 하려면 학교고 학원이고 다 때려 쳐! 너한테 들어가는 돈이 얼마인 줄 알기나 하니?"

"쓸데없는 생각 말고 숙제나 해! 올라가지 못할 나무는 쳐다보지도 말랬지!"

"너, 엄마한테 한번 맞아볼래? 너랑 얘기하면 엄마가 뚜껑이 열린다."

"네 형 반만 닮아봐라."

"넌 무슨 말이 그렇게 많아? 바쁘니까 꾸물대지 말고 요점만 말해!"

교직생활을 하는 동안 가장 쇼킹했던 순간도 학부모가 아이에게 한폭언을 전해 들었을 때였다. 한 아이가 일기장에 화가 나 있는 엄마 그림을 자꾸 그리길래 그 아이에게 "엄마 말씀 좀 잘 듣지."라고 말했다. 그랬더니 "엄마가 어제는 저한테 '너 때문에 창피해서 못 살겠다'고, '넌 자식이 아니라 원수'라고 했어요."라고 말하는 게 아닌가. 그 순간 나는 너무 놀라고 당황스러웠다. 우리반 아이가 아파트 놀이터에서 놀다 다리가 부러진 일이나 교통사고로 입원한 일보다도 내겐 더 충격이었다. 친부모가 어떻게 자식에게 그런 말을 할 수 있는지, 도무지 납득하기가 어려웠다. 아이 때문에 스트레스 받고 삶이 힘들다고 해도, 부모가 자식에게 이런 식의 폭언을 하는 것은 정말 심각하고 위험한 일이다.

이후 그 아이를 볼 때면 마음이 아팠다. 부러진 다리는 시간이 지나면 붙겠지만, 마음의 상처는 어떻게 회복시켜야 할지 암담했기 때문이다. 이런 폭언을 듣고 자란 아이는 대개 자신의 의지와 상관없이 어느새 폭언하는 부모의 습관을 그대로 배우게 된다. 게다가 더욱 큰 문제는 부모의 폭언으로 인한 상처 때문에 자존감도 함께 잃는다는 점이다.

아이를 서로 비교하는 말은 두 아이 모두를 죽이는 말이다

보통의 초등학생이 소아정신과 상담을 받는 경우는 ADHD가 심해질 때 혹은 부모의 이혼으로 아이가 상처를 받아 일상생활에 문제가 있을 때 등이다. 그런데 형제간의 차별로 인해 소아정신과 상담을 받는 아이가 있었다. 동료 교사가 가르치던 아이였는데, 형제간의 비교가 너무나 극심했다고 한다. 같은 부모에게서 태어나 자란 형제라도 지적 능력이나 성향은 다를 수 있다. 때로는 극과 극으로 나뉘기도 한다. 형은 전교 1등인데 동생은 부진아이거나, 형은 말썽쟁이 문제아인데 동생은 반듯한 모범생인 경우 등 그 케이스도 천차만별로 다양하다.

그 아이의 경우도 형이 모든 면에서 우월해 늘 비교와 차별을 당한 케이스였다. 아이는 자의식이 생기기 시작하면서부터 부모의 그런 비교와 차별에 상처를 받게 됐고, 고학년이 되면서 그 상처는 곪을 대로 곪아서 터져버린 것이다. 학교에서는 큰 문제없이 생활하고 말도 곧잘 했지만, 집에서는 아예 말을 하지 않았다. 그 아이의 증세는 '선택적 함묵증selective mutism'이었다. 특정 상황에서 말을 하지 않거나 다른 사람의 말에 언어적으로 반응하지 않는 것이다. 그 아이는 집에서 가족과의 대화를 거부하고 있었다.

한참 사랑받고 관심을 받아야 할 나이의 아이가, 아침에 눈을 떠 밤에 잠들 때까지 끊임없이 형과 비교당하며 고통의 시간을 보낸다는 것은 상상만 해도 가슴 아픈 일이다. 그렇게 차별을 받고 자란 아이들은 세상을 바라보는 눈이 온전하지 못하고 삐딱할 수밖에 없다.

교직생활 동안 수백 명의 아이들을 만나왔지만 대놓고 선생님을 비교하는 아이들은 없었다. 기껏 해야 "선생님, 옆반은 영화도 보고 요리실습도 하는데 우리도 해요."라면서 다른 반의 수업과 비교하는 말 정도가 전부다. "선생님, 옆반 선생님은 선생님보다 키도 크고 얼굴도 예뻐요. 그리고 공부도 더 재미있게 가르치는 것 같아요. 선생님보다 더 좋은 대학을 나오셨나봐요."라고 말하는 아이는 한 번도 만나본 적이 없다.

성인이고 선생인 나조차도 만일 아이들에게 저런 말을 들었다면, 깊은 마음의 상처를 받았을 것이다. 아이들은 자기 반 선생님과 다른 반 선생님을 비교하지 않는다. 우리 엄마와 다른 집 엄마를 비교하지도 않는다. 엄마가 나를 다른 집 아이와 비교하기 전까지는 말이다.

〈탈무드〉에는 이런 말이 나온다. "형제의 개성을 비교하면 모두 살릴 수 있지만, 형제의 머리를 비교하면 모두 죽인다." 유대인은 자녀를 다른 집 아이와 비교하지 않는다고 한다. 아이 한 명 한 명을 하나의 인격체로 존중하기 때문에 우리처럼 '엄친아'의 개념이 없다.

아이들은 각자 발달단계와 관심 분야 그리고 재능이 다르므로 성적 등의 잣대로 판단하고 비교하는 것은 옳지 않다. 더군다나 그 차이를 말로 표현하며 우열을 가리는 것은 아이의 또 다른 가능성을 빼앗는 폭력이나 다름없다. 그것도 부모 스스로가 말이다.

부모의 입술이 아이의 삶을 재단한다

30년 간 초등교사로 재직중인 수석교사 권순애 선생님께 부모의 '말'의 중요성에 대해 여쭤봤다.

"결국엔 부모의 말이 아이의 삶을 좌우한다고 생각해요. 요즘처럼 자녀교육에 관심이 많아진 시대도 드문데 왜 문제아는 더 많아지고 있을까요? 잘 살펴보면, 문제 아이 뒤에는 반드시 문제 부모가 있습니다. 욕쟁이 아이에겐 욕쟁이 엄마가 있고, 이기적인 아이에겐 이기적인 부모가 있습니다. 교실에서 유독 속어, 비속어, 은어를 자주 쓰는 아이들이 있는데 텔레비전이나 영화 등에서 배운다고들 하지만 제일 먼저, 제일 많은 영향을 끼치는 것은 부모님이에요. 저는 거친 말을 하고 매사 부정적인 아이들을 보면 너무 안쓰럽습니다. 부모님의 말이 그 어떤 것보다 아이의 정서에 큰 영향을 미친다는 걸 아셨으면 합니다."

권순애 선생님은 아이의 인생은 부모의 '긍정적 언어생활'에 달려 있다고 해도 과언이 아니라고 했다. 교직생활을 하면서 수많은 학부모들을 만나고 자신도 아이를 키우면서 깨달은 가장 중요한 덕목도 그것이라고 단호하게 말씀하셨다.

"초등학교 때 아이의 인생이 결정된다는 말들을 많이 합니다. 진로도 학업성적도 초등학교 때 이미 결정된다는 거예요. 저는 그 부분에는 공감하지 않지만 다른 의미로 아이들 인생이 초등학교 때 결정된다고 생각해요. 바로 '자존감과 태도' 때문입니다. 이 두 가지만 갖춰도 훗날 내가 원하는 삶을 살 수 있지 않을까요? 그런데 세상에서 나를 가장 사랑하는 사람에게서 말로 상처 받는 아이가 어떻게 자존감을 갖고 긍정적 태도를 가질 수 있겠어요. 아이들 교육은 말에서 시작해서 말로 끝난다고 봐요. 그래서 부모님이 아이에게 따뜻하고 긍정적인 말로 대화하고 아이의 말을 진심으로 공감하면서 들어주는 게 중요한 겁니다."

사람의 마음은 바람과 같아서 볼 수는 없지만 느낄 수는 있다. 그리고 서로의 진심과 사랑을 느낄 수 있는 매개체는 바로 '언어'이다. 언어의 위력을 깨닫기 전에 나는 "미안해.", "고마워."라는 말을 잘 하지 않았지만 지금은 달라졌다. 학교 사정으로 인해 약속을 못 지키거나 아주 사소한 실수를 할 때에도 진심을 담아 "미안해."라는 말을 한다. 내가 먼저 미안하다는 사과의 말과 고맙다는 감사의 인사에 익숙해지자 아이들도 이런 표현에 한결 유연해져갔다. 사소한 일에도 고마움을 표현하고 미안하다는 말을 먼저 건네는 아이들이 더 많아진 것이다.

부모의 말씨는 아이의 꿈씨앗이다

주변 교사 중에 따뜻한 말씨 덕분에 언어술사로 불리는 선생님이 한 분 계신다. 그 선생님은 새 학급을 배정받으면 교사용 책상 유리 밑에 '일등반 선생님의 특성'과 '꼴지반 선생님의 특성'을 프린트해서 넣어두고 수시로 읽어보신다고 한다. 오늘 하루 내 언행이 일등반 선생님과 가까웠는지, 꼴찌반 선생님과 가까웠는지 자기반성의 시간을 갖는 것이다. 그 선생님께 유리 밑에 끼워두시는 메모지를 보여달라고 졸라 그 내용을 적어봤다.

일등반 선생님의 특성

1. 잘 웃는다.

2. 학생들에게 인성을 가르친다.

3. 언어생활이 순화돼 있다.

4. 야단칠 일도 차분하게 말한다.

5. 상과 벌이 확실하다.

6. 재미있는 얘기를 들려준다.

7. 학생들에 대해 충분한 정보를 갖고 있다.

8. 학생과 수시로 전화나 메일을 주고받는다.

9. 칭찬을 잘한다.

10. 학생을 인격체로 대우한다.

꼴지반 선생님의 특성

1. 표정이 거의 없고 어둡다.

2. 감정의 기복이 심하다.

3. 부정적인 말을 많이 한다.

4. 성적만 강요한다.

5. 처벌을 강조한다.

6. 겁주는 말을 자주 한다.

7. 의욕이 없다.

8. 신경질적으로 짜증을 내거나 소리를 잘 지른다.

9. 학생을 무시하는 언사를 쓴다.

10. 마음에 안 드는 학생에게 공포심을 심어준다.

1번부터 10번까지 찬찬히 읽어보니 10개 중 9개는 모두 언어와 연관된 것이었다. 나는 여기에 나온 '반'이란 단어를 '집'으로 바꾸고 선생님을 '엄마'로 바꿔도 좋겠다는 생각을 했다.

지금은 내 책상에도 이 메모지가 끼워져 있다. 아이들이 잘못을 해서 혼을 내야 할 때 이 메모를 먼저 떠올리려고 애쓴다. "한 번만 더 그러면 벌을 줄 거야."라고 처벌을 강조하고 겁주는 대신, 따로 불러서 어떤 말과 행동이 문제가 됐는지 차근차근 이야기해주려고 노력한다.

행동이 변하면 습관이 변하고, 습관이 변하면 인생과 운명이 달라진다는 말이 있다. 나는 이 말을 조금 패러디해보고 싶다. "엄마의 말이 변하면 아이의 말이 달라지고, 아이의 말이 달라지면 아이의 정서와 행동이 달라진다."라고 말이다.

말씨는 '말 속에 씨'가 있기 때문에 말씨라고 한다. 아이의 마음밭에는 부모의 말씨가 자라게 된다. 그리고 그 말씨가 바로 아이들의 꿈의 씨앗이 되는 것이다.

"아이의 인생은 부모의 긍정적 언어생활에

달려 있다고 해도 과언이 아닙니다.

세상에서 나를 가장 사랑하는

사람에게서 말로 상처 받은 아이가

어떻게 자존감을 갖고 긍정적 태도를 가질 수 있겠어요."

_권순애(30년차 교사)

꿈꿀 기회

...

아이에게
제일 먼저
꿈꿀 기회부터
주는 엄마

"아이가 행복해하는 무언가가 있다면 그것을 중심으로 천천히 가되, 꼭 '꿈 너머 꿈'도 꿀 줄 알아야 한다고 가르쳐주세요. 자신이 하고 싶은 일, 되고 싶은 사람을 정하고 달려가서 그 일의 정상에 섰을 때도 무엇을 할 거냐고 물어봐야 합니다. 장래희망이 의사라면 한 달에 한 번은 장애인에게 무료 진료를 베푸는 의사로 의식이 연결돼야 합니다. 장래희망이 선생님이라면 아이들을 행복하게 해주는 선생님으로 소망이 연결돼야 합니다. 꿈이 있다면 살아야 할 이유와 배워야 할 이유가 충분합니다. 아이들에게 꿈의 진정한 의미를 깨닫게 해주세요."

권순애 선생님의 '꿈 너머 꿈'을 꿀 줄 알아야 한다는 것과 꿈의 정상에 섰을 때 무엇을 할 것이냐고 물어봐야 한다는 말씀은, 나에게 교사로서 그리고 예비 부모로서 참 많은 것을 깨닫게 해주었다. 학생들에게도 나 스스로에게도 이런 질문을 던져본 적이 없기 때문이다.

영어를 싫어해도 좋아하는 축구선수의 영어 인터뷰는 외우는 아이

저학년 학부모 상담을 하다 보면 아이들이 꿈이 없어서 고민하기보다는 장래희망이 너무 많거나 자주 바뀌는 것을 고민하는 경우가 많다. 지난달에는 꿈이 발레리나라고 해서 큰맘 먹고 가정용 발레바를 사줬더니 이번 달에는 레고 디자이너로 바뀌었다는 것이다. 마트에 있는 레고뿐만 아니라 한정판 레고까지 사달라고 조른다며 어려움을 토로하는 부모님들이 있다. 그런데 저학년 때 이렇게 꿈 많던 아이들이 고학년이 되면 이미 세상 경험을 다 해본 어른처럼 이야기한다. 무엇이 아이들을 이렇게 달라지게 한 것일까? 현장에서 지켜보면 부모님들의 현실주의적 생각이 아이들에게까지 옮겨간 것이라는 생각이 든다.

자신만의 꿈이 있는 아이는 정말 남다르다. 일상 속에서는 소극적인 성향의 아이라도 자신의 꿈과 관련된 일에 있어서는 그렇게 열정적이고 적극적일 수가 없다. 우리반이었던 한 남학생은 축구선수가 꿈이었는데, 매일 새벽마다 축구 연습을 하느라 잠도 줄이고 여가시간에도 좋아하는 선수의 동영상을 무한 반복해서 보곤 했다. 심지어 영어가 싫어 영어를 안 배우는 나라로 이민가고 싶다던 아이가, 좋아하는 선수의 영어 인터뷰 대사를 그대로 따라 외우는 모습까지 보여줬다. 그 모습이 너무나 대견해서 무한 칭찬을 해준 기억이 난다.

이런 아이들도 고학년이 되면 자신만의 꿈꾸기를 멈추는 것 같다. 꿈이 뭐냐고 물었을 때 "몰라요, 그런 거 없어요."라고 대답하는 아이가 대부분이기 때문이다. 이런 이야기를 들으면 부모님들이 특히 속상해하신다. 하지만 아이가 장래희망이나 꿈이 없다고 걱정하기 전에 부모가 꿈꿀 기회조차 주지 않은 것은 아닌지, 무작정 현실만을 강요하지는 않았는지 생각해볼 필요가 있다.

재작년, 5학년 담임을 할 때의 일이다. 키가 170센티미터를 훌쩍 넘는 아이였는데 덩치만 컸지 또래보다 더 순수하고 심성이 착했다. 어느 날인가 그 아이가 내게 와서 "선생님, 제가 엄마한테 만화가가 되는 게 꿈이라고 했더니 엄마가 남들이 존경할만한 직업을 가져야지 왜 만화가가 되려고 하느냐면서 공부나 열심히 하래요."라고 말했다. 그때 나는 어머니의 마음이 일견 이해가 되면서도, 아직 어리고 순수한 아이의 꿈이 무참히 짓밟힌 것 같아 마음이 내내 씁쓸했었다.

수석교사 권순애 선생님께서도 부모님들이 아이들에게 지나치게 현실적인 잣대를 들이대는 걸 우려하셨다. "영화 〈인생은 아름다워〉에 나오듯이 아이는 죽음의 수용소에서도 꿈을 꿀 수 있는 위대한 존재인데, 너무 성급하게 현실적인 이야기를 들려줘 환상을 깨지는 않았으면 합니다."

게다가 부모님 세대들이 생각하는 안정적인 직업군은 점차 새로운 직업군에게 그 자리를 내주고 있는 실정이다. 기성세대들이 선호하던 직업 중에서 더 이상 비전이 없는 직업들도 많아지고 있고, 예전에는 별로라고 여겨지던 직업군이 새롭게 각광을 받고 있기도 하다.

5학년부터 진로교육의 일환으로 법정장부인 생활기록부에 부모님이 희망하는 직업과 본인이 희망하는 직업을 적도록 돼 있다. 이 난을 보면 아이는 미래의 전도유망한 직업을 적는 반면, 부모님은 교수 · 의사 · 판사 등을 주로 적는다. 담임교사로서 본 가장 멋진 부모님의 대답은 '우리 아이가 가장 잘하고, 하고 싶어하는 일'이라고 적어놓은 것이었다. 그 답변 하나만으로도 그 부모님이 존경스럽고 멋져 보였다. 반면 아이는 자신이 잘할 수 있고 즐길 수 있는 장래희망을 썼는데, 거기에 줄을 긋고 부모님이 원하는 '교수'로 수정한 뒤 학교로 보내오는 경우도 있었다. 그런 아이를 보고 있노라면 잘못한 것도 없는데 왠지 내가 아이에게 미안해지곤 한다. 아마 기성세대의 한 사람으로서 느끼는 부끄러움과 미안함일 것이다.

부모가 먼저 꿈을 가지면 좋은 이유

요즘은 전국 대부분의 학교가 일 년에 두 번 정도 학부모 상담주간을 갖는다. 일주일 동안 약 30명의 어머니들과 만나 대화를 나누는 것은 체력적으로 힘든 일이라 지치기도 하지만, 때로는 친구와 수다를 떠는 것처럼 시간 가는 줄 모르고 즐겁게 상담하는 경우도 있다. 돌이켜보면 즐거운 상담의 경우, 부모님들의 진취적이고 긍정적인 에너지 덕분에 오히려 내가 재충전을 할 수 있었던 것 같다. 이런 성향의 부모님들은 자녀가 어떤 꿈을 갖든지 긍정적으로 바라봐주고 응원해줄 준비가 돼 있었고, 부모 스스로 꿈꾸는 사람이라는 인상을 갖게 했다.

아이에게 좋은 교육을 제공하는 것도 중요하지만, 부모 스스로 더 나은 모습으로 변화해가기 위해 노력하는 모습은 아이들에게 그 어떤 것보다 긍정적인 자극제가 된다. 그래서 부모님들도 꿈꾸기를 멈추지 않았으면 좋겠다.

우리반 학생들 어머니들의 평균 연령은 30대 후반 혹은 40대 초반인데, 그분들의 인생시계를 계산해봤다. 이 인생시계의 개념은 서울대 김난도 교수의 책에서 처음 알게 됐는데, 직접 표로 만들어보니 그 의미가 더 명확해졌다. 하루는 24시간, 1,444분인데 이것을 80년으로 나누면 18분이다. 1년에 18분씩 10년에 3시간씩 가는 것이다. 그럼 나와 동갑인 33살 학부모님의 인생 시간은 오전 9시 54분에 불과하고, 우리반에서 가장 고령이신 53살 학부모님도 오후 4시가 채 되지 않은 시간이다. 즉, 무엇이든 할 수 있는 시간이고 꿈꾸고 이룰 수 있는 나이인 셈이다. 게다가 100세 시대로 계산해보니 53세의 나이는 고작 12시 43분 12초에 불과했다. 인생시계를 계산해보니 50대 후반인 한비야 씨가 "아직도 내가 커서 뭐가 될지 너무 궁금하고 기대된다."라고 한 말의 의미가 이해됐다.

나이에 따른 인생시계

나이	80세 기준	100세 기준
33세	오전 9시 54분	오전 7시 55분 12초
35세	10시 30분	8시 24분
37세	11시 6분	8시 52분 48초
39세	11시 42분	9시 21분 36초
41세	오후 12시 18분	9시 50분 24초
43세	12시 54분	10시 19분 12초
45세	1시 30분	10시 48분
47세	2시 6분	11시 16분 48초
49세	2시 42분	11시 45분 36초
51세	3시 18분	오후 12시 14분 24초
53세	3시 54분	12시 43분 12초

꿀벌은 꽃 속을 다니면서 꿀만 얻는 것이 아니라 식물의 수분도 돕는다. 꿈꾸고 미래를 준비하는 부모를 보며 자란 아이는 그 자체로 진로지도를 받고 있는 것이며 이는 동기부여에도 큰 도움이 된다. 그래서 부모님들께 가급적 '꿀벌형 부모'가 돼라고 권하고 싶다. 부모 스스로 자신의 인생에 긍정적이고 꿈꾸기를 멈추지 않는다면, 최소한 아이들의 꿈을 면박주거나 남들이 좋다고 하는 직업을 꿈으로 강요하지는 않을 테니 말이다.

꿈에 밝은 아이로 키워라

우리나라는 아직 초등학교 교육과정에 진로교육이 체계적으로 자리 잡혀 있지 않은 편이다. 선진국처럼 시스템화돼 있지 않으며, 딱히 이렇다 할만한 커리큘럼도 없다. 그래서 교사와 학부모가 함께 힘을 모아 지도해야 하는 부분이 바로 진로교육이다.

나의 경우 다른 나라의 진로교육 사례를 참고하기도 하는데, 이와 관련해서는 이종규 선생님께 많은 질문을 드렸었다. 이종규 선생님은 42년간 교직생활을 하며 교장을 거쳐 교육장, 교육연구정보원 원장을 지내셨다. 그리고 13개국의 초등교육 현장을 답사하면서 외국의 교육 시스템과 커리큘럼을 직접 경험해보신 분이다. 선생님께 진로교육의 체계가 가장 잘 돼 있는 나라가 어딘지 여쭤봤다.

"가장 인상 깊고 감명을 받은 나라는 싱가포르였습니다. 개인의 적성과 특기를 살리면서 자기의 능력에 맞게 공부할 수 있도록 국가에서 제도적으로 진로지도를 하고 있었어요. 싱가포르는 초등학교 3학년 때부터 개인의 능력을 평가해 '진학코스, 직업코스'로 나누어 진학하도록 제도화했어요. 그러니 개인적으로나 국가적으로 얼마나 효율적입니까. 직업코스로 간 학생들도 열심히 노력해 직업코스를 마치고 취업하고 나면 대학을 나온 학생들과 임금 차이가 거의 없다고 합니다. 학업능력이 부족한 아이들까지 대학 진학에 목을 매게 해서 졸업장만 따게 한 후 실업자를 양산하고 있는 우리나라 교육제도와 비교해보면 정말 합리적이지요. 우리나라처럼 아이들의 꿈이 '무슨 대학 무슨 과를 가는 것'인 나라도 없을 거예요."

이종규 선생님의 말씀을 듣고 나서 다른 선진국의 사례도 찾아봤다. 가장 눈에 띄는 나라는 프랑스인데, 학교에 진로지도요원이 따로 있어서 학부모·교원·지도요원이 협력해 체계적으로 지도하고 있었다. 또한 개별 상담을 통해서 학생들 스스로 적성·취미·능력을 파악하게 해주며, 진로계획서 작성 등을 직접 할 수 있도록 지도하고 있었다.

하지만 우리나라는 선진국처럼 체계적인 진로교육 프로그램을 갖추고 있지 못한 데다 입시 위주의 교육환경 때문에 고학년으로 갈수록 아이들이 꿈과는 점점 더 멀어지고 있다. 사실 '꿈'이라는 단어는 정규 교육과정 측면에서 본다면 '진로'라고도 할 수 있다. 이러한 진로교육은 취업이 잘되니 이과로 가야 한다거나, 혹은 수학을 잘 못하니 문과로 가야 한다는 식의 획일적 논리나 일방적 강요로 해결되는 것이 아니다. 무엇을 할 때 가장 행복하고 무엇을 가장 잘할 수 있는지 묻고 답하는 과정에서 나만의 길을 찾아나가는 것이다.

40년 이상 교사이자 학교 관리자로 일하며 나의 롤모델이 돼주신 배경자 교장 선생님은 아이들이 공부나 이재보다는 '꿈'에 밝은 아이로 컸으면 좋겠다고 하셨다. 10년, 20년 뒤를 생각한다면 이번 중간고사를 잘 치는 법이 아니라 '꿈꾸는 법'을 배울 수 있어야 한다는 것이다. 내 아이의 행복한 성공을 바라는 부모라면 어떤 대학에 진학할 것인가만 고민하지 말고, 아이가 꿈꾸는 법을 터득할 수 있도록 남다른 관심을 갖고 격려해줘야 할 것이다.

"우리나라처럼 아이들의 꿈이

'무슨 대학 무슨 과를 가는 것'인

나라도 없을 거예요."

_이종규(42년차 교사, 전 교육연구정보원 원장)

66

부모의 욕심으로 학원만 다닌

아이들은 중학생이 된 후

공부에 흥미를 잃고 성적도

신통치 않을 확률이 높습니다.

어린 아이들은 공부할 때보다

친구를 사귀고 놀이를 하면서

두뇌가 더 발달하게 됩니다.

99

3장

엄마의 **선행학습**이 아이인생을 어떻게 결정하는가

놀이 효과

...

어떻게
아이와 함께
놀아줄 것인지
공부하라

핀란드의 학교에서는 눈비가 오는 날에도 아이들이 밖에 나가서 활동할 수 있도록 장화와 우비를 학생 수만큼 준비한다. 더 놀라운 것은 영하 15도 이하로 떨어지지 않는 이상 교실 밖에서 노는 시간을 우선순위에 두고 있다는 점이다. 겨울에 아이들이 눈싸움을 하고 나면 옷이 젖기 때문에 학교에는 옷을 말리는 건조실이 있고, 개인용 썰매와 겨울용 옷을 걸어두는 옷장도 있다고 하니 학교생활에서 '놀이'를 얼마나 중요하게 생각하는지 알 수 있다.

교사로서 내가 가장 걱정하는 학생 유형은 수업시간에 주의가 산만하거나 학업 성취도가 떨어지는 학생이 아니다. 오히려 밖에 나가서 놀 시간을 줬는데도 친구들과 어울리지 않고 교실에 남아서 우두커니 앉아 있는 학생이다. 이럴 경우 특히 아이의 건강이나 교우관계가 걱정스럽다. 에너지 넘치는 초등학생이 쉬는 시간에 혼자 자리에 앉아 있는 것은 걱정할만한 일이라고 생각한다. 저학년일수록, 여학생이 아니라 남학생일수록 더욱 그러하다.

대체로 쉬는 시간에 친구들과 잘 노는 아이들이 사회성도 좋고 배려심도 뛰어나다. 그리고 놀 때의 집중력과 몰입력이 그대로 수업시간까지 이어져 똑같은 밀도로 빠져든다. 실제로 놀이에 시들한 아이는 수업시간에도 의욕이 없는 경우가 많다. 교육학적으로도 놀이는 아이들의 사회성을 키워주고 표현력이나 문제해결능력·사고력·이해력·상상력·창의력·자존감 등을 키우는 데 효과가 있다고 알려져 있다.

잘 노는 아이일수록 학습능력도 좋은 이유

놀이의 교육적 가치를 증명하는 사례는 많다. 아이들을 대상으로 한 실험에서, 한 자리에서 움직이지 말고 가급적 말하지도 말라고 요청하자 아이들은 평균 2분 정도 침묵하며 움직이지 않았다고 한다. 그런 다음 다시 아이들에게 근위병이 돼 부동자세로 보초 서는 놀이를 하게 했더니 무려 7분이나 침묵한 채 움직이지 않았다고 한다. 이는 아이들이 같은 행동을 해도 '놀이'로 인지하면 자신의 한계를 뛰어넘을 수 있음을 의미한다.

아이의 놀이를 좀더 정확하게 분석하면 한 가지 놀이에서도 다양한 전략을 구사하는 것을 확인할 수 있다. 아이들은 놀이를 통해 사고의 가능성을 최대한 확장하는 기회를 가진다. 동시에 현대 사회에서 가장 중요하게 요구되는 능력인 창의력의 기초를 형성해나가기도 한다. 초등학교 때 잘 노는 아이가 아이큐도 높고 고학년이 될수록 학업성적도 좋다는 연구 발표도 있다. 이와 관련해서 선생님들의 의견은 어떠신지 여쭤봤다.

땀샘 학급살이 최진수 선생님은 놀이는 곧 기억 저장소를 늘리는 방법으로 학습적 효과와도 직접적인 연관이 있다고 하셨다. "잘 논다는 것은 몸을 잘 놀린다, 즉 몸으로 익힌다는 말입니다. 기억 저장소를 늘리는 효과라고 생각합니다. 즐거운 감정, 흥겨운 감정을 많이 키워놓으면 그 즐거운 감정과 느낌에 학습 내용도 적용이 될 수 있습니다."

초등학교 교사로 41년간 근무한 뒤 교장으로 퇴직하신 이규홍 선생님 께서도 놀이의 중요성에 공감하셨다. "한참 놀아야 할 초등학생 시절에 부모의 욕심으로 학원만 다닌 아이들은 중학생이 된 후 공부에 흥미를 잃고 성적도 신통치 않을 확률이 높습니다. 학습을 할 때 시각적 정보처 리를 위해 사용되는 신경에 비해 놀이를 할 때 쓰이는 신경이 40배나 더 많은 신경섬유로 연결돼 있다는 연구 결과가 있죠. 아이들이 공부를 할 때보다 친구를 사귀고 놀이를 하면서 두뇌가 더 발달하게 된다는 뜻입 니다. 놀이를 하면서 여러 가지 아이디어를 내고 작전을 짜게 되는데, 이 과정 자체가 의사소통 능력이며 창의력이에요. 그래서 놀이는 또 하나의 학습입니다."

교실에서 아이들과 함께 생활하다 보면 놀이가 주요한 학습 경험을 제공해준다는 것을 절감하게 된다. 아이가 논다는 것은 어른이 노는 것 과는 다르다. 아이들은 놀면서 배우는데, 노는 것이 바로 배움이다. 올바 른 인격 형성에도 도움이 된다. 창의적인 아이는 유머감각도 좋고 재미 있는 일을 찾는 데 비범한 능력을 발휘하곤 한다.

그런데 놀이의 중요성을 강조하다 보니 혹여 영유아 부모님들 중에 "아이들에게 다양하고 새로운 장난감을 계속 사주라."는 말로 잘못 이해 하는 분도 계실지 모르겠다. 그래서 200년간 세계적인 영재교육의 경전 으로 불리는 책을 한 권 소개하고자 한다. 《칼 비테의 자녀교육법》이라는 책인데, 저자 칼 비테는 미숙아로 태어난 아들을 독일의 저명한 학자로 키운 아버지다.

그는 자신의 가정교육 경험을 바탕으로 "장난감을 가지고 놀며 배울 수 있는 지식은 없다."라고 단언한다. 그리고 아이를 혼자 놀게 하거나 조용히 시키려는 목적으로, 또는 아이의 체면이나 자존심을 살려주기 위해서 장난감을 사주는 것을 비판했다. 자신은 장난감 대신 아들에게 '독서와 사물을 관찰하는 법'을 가르쳤다고 말했다. 그는 "아이들은 놀이로 인생을 체험하는데 그 과정을 통해 호기심과 탐구욕을 충족시킬 수 있고 적극성·독립성·관찰력·기억력·판단력·상상력·창의력을 키우고 내면세계를 풍부하게 하고 언어능력과 조직능력을 향상시킨다."라고 말했다.

그렇다면 어떤 놀이를 해야 이러한 교육이 가능할까? 칼 비테의 조언에 따르면 장난감보다는 역할 놀이, 숫자세기 놀이, 간단한 노동을 통한 놀이 등이 더 효과적이라고 한다. 가령 아이와 《팥죽 할머니와 호랑이》라는 책을 읽는다고 가정해보자. 이때 아이가 "엄마 팥죽은 어떻게 만드는 거야?"라고 묻는다면 냉장고에 있는 재료를 꺼내 함께 죽을 끓여보고 먹는 것이 교육에 효과적인 놀이가 되는 것이다.

놀이는 그 자체로 창의적인 예술활동이다

교사로서 고민이 생기면 제일 먼저 상담을 청하는 김판갑 선생님께도 놀이의 중요성에 대해 여쭤봤다. 선생님은 '놀이'야말로 아이를 미래형 인재로 키울 수 있는 방법 중 하나라고 강조하셨다.

"세상은 하루가 다르게 발전하고 있어요. 이 세상 어디선가는 상상 속의 일들이 이미 현실이 되고 있습니다. 이런 세상에서 아이들에게 학습능력만 강조하는 것은 시대착오적인 거예요. 좋은 대학에 보내겠다는 일념으로 한참 창의력을 키울 수 있는 시기를 모두 희생시켜서는 안 됩니다. 학습능력만이 미래를 보장해주는 시대가 아닙니다. 무엇보다 창의력을 키워야 합니다. 그런데 잘 놀 줄 아는 아이가 창의력도 높아요. 재미있게 놀려면 상상력이 풍부하고 발상이 유연하며, 재기발랄해야 하거든요."

이처럼 미래자산인 창의성과 상상력을 키우려면 새로운 것을 시도하고 결합할 줄 알아야 한다. 그러기 위해서는 자발적인 즐거움, 주도성, 자유로움이 필요하다. 학교 수업만으로도 이러한 능력을 충분히 길러줄 수 있다면 좋겠지만 현실적으로는 그렇지 못하다. 그래서 놀이가 중요한 것이다. 놀이를 하다 보면 에너지를 충분히 발산해서 자발적으로 즐거움을 찾아낼 수 있고 상상력도 저절로 키워지기 때문이다. 게다가 놀이를 하고 난 뒤 에너지가 충만해진 아이들은 학습능력도 덩달아 높아진다.

두뇌는 긍정적인 감정 상태에서 더 잘 움직이는 특성이 있다. 사람은 스트레스를 받으면 그 스트레스를 감소시키기 위한 호르몬을 분비하게 되는데, 이러한 호르몬 중 하나인 '코르티솔cortisol'이 과다하게 분비되면 기억력에 관여하는 부위인 해마의 신경세포를 파괴한다. 따라서 놀이를 통해 아이들의 스트레스가 해소되면 해마가 파괴되는 것을 막을 수 있어 결국 기억력 향상에도 도움이 되는 것이다.

그뿐만 아니라 놀이는 아이들의 커뮤니케이션 능력과 창조적인 문제 해결능력을 키워주며, 성취감과 자신감을 갖게 해주는 좋은 도구다. 재미있게 놀면서 자란 아이들은 정서적으로도 안정돼 있어 교우관계도 좋고, 호기심도 왕성하며 상상력이 뛰어나 새로운 발견에도 능하다.

무엇보다 중요한 기능은 놀이가 아이들의 마음에 쌓이는 좌절감이나 갈등을 해소해준다는 점이다. 학업에 대한 스트레스, 동생을 미워하는 마음, 부모를 향한 반발심 등이 놀이를 하며 발산되기 때문에 마음의 병이 깊어지지 않는다. 자녀가 몸과 마음이 건강하고 지덕체를 고르게 갖춘 사람으로 성장하기를 바란다면 '놀이'는 선택이 아니라 필수라는 걸 잊지 말자.

컴퓨터 게임 대신 '보드 게임'으로 두 마리 토끼를 잡자

교직생활을 하면서 아이들에게는 놀이가 공부만큼 중요하다는 것을 인지한 후, 현직 교사들의 놀이연구 모임인 '가위바위보'라는 연구회에 참석하게 됐다. 매주 아이들과 함께 하면 좋을 놀이를 교사들이 직접 해보면서 몸으로 익히는데, 그곳에서 배운 것을 교실에서 아이들과 함께 해보았다. 그랬더니 평소 내성적이고 공부에도 흥미가 없어 소외감을 느끼던 아이들도 목소리를 내고 참여하기 시작했고 덕분에 반 분위기가 훨씬 좋아졌다. 뿐만 아니라 평소 수업시간만으로는 학생들의 특징을 다 파악하기가 힘들었는데 놀이하는 모습을 보면서 아이의 새로운 재능과 잠재력도 발견할 수 있게 됐다.

문제는 놀이를 즐겨야 할 초등학생들이 온라인 게임에 빠져들고 있다는 것이다. 더 깊이 중독되기 전에 아이들만의 놀이문화를 만들어줘야 한다. 그중 하나가 바로 가족 혹은 친구들과 함께할 수 있는 놀이인 보드게임이다. 그렇다면 어떤 보드 게임을 아이들과 함께 하면 좋을까?

놀이연구 모임 선생님과 인터뷰에 응해주신 선생님들께 보드 게임 중에서도 교육적인 놀이를 추천해달라고 부탁드렸다. 선생님들은 직접 집에서 아이들과 함께 해본 게임 중에 두뇌계발과 함께 사고력과 사회성을 동시에 키울 수 있는 흥미로운 게임들을 추천해주셨다.

초등교사들이 추천하는 교육적인 보드 게임

인생 게임 : 자신이 인생을 스스로 선택하고 가상으로 체험하는 게임. 사고력, 사회성, 창의성, 문제해결능력을 기를 수 있다.

달팽이 우주여행 : 수 개념과 연산 능력을 신장시키는 게임. 난이도 조절이 가능하다.

파라오코드 : 주사위 3개를 굴려 나온 숫자를 사칙연산으로 조합하여 높은 점수의 답을 찾아내는 숫자 퍼즐게임. 연산능력을 신장시키는 데 유용하며 아이들이 흥미로워한다.

다빈치코드 : 1~11까지 숫자가 쓰인 타일을 나눈 후 그 타일을 가리고 넘어뜨리는 과정을 통해 상대편의 숫자를 추리하고 맞추는 게임. 논리적 추론능력을 키울 수 있다.

치킨차차 : 기억력과 창의력을 높일 수 있는 가족용 게임.

탈출 게임 : 10개의 퍼즐 조각 중 하얀색 조각을 게임판 밑으로 탈출시키는 게임. 경우의 수를 예측하며 사고력을 확장시킨다.

아발론 : 육각형 게임 보드판 위에 있는 구슬 6개를 먼저 밀어내는 사람이 승자가 되는 게임. 논리적 사고력을 기를 수 있다.

유니캣 : 도형 네 가지의 특성 중 세 가지 공통점을 찾아 연결하는 쉽고 간단한 타일 게임. 관찰력과 사고력을 키울 수 있다.

타임라인 : 역사적 사건을 기록한 카드를 시간 순서대로 배치하는 새로운 개념의 역사 보드게임. 시간의 흐름에 따라 사건의 전개를 서술하는 방식인 '서사'의 개념을 게임을 통해 습득할 수 있고, 역사 공부에도 도움이 된다.

러시아워 주니어 : 유명한 교통정리 퍼즐로, 두뇌개발게임이다. 문제 카드를 보고 차량을 앞이나 뒤로만 움직여 빨간 차를 빼내는 게임.

까롬보드 : 동전을 튕겨서 주머니에 넣는 보드 게임. 인도의 학교에서는 우기 때 체육 시간에 이 게임을 즐겨 한다. 20개 이상의 가맹국이 있기 때문에 세계인들과 함께 즐길 수 있는 글로벌 게임이다.

마법의 성 : 이스라엘에서 개발된 것으로 만 5세 이상이면 2~4명이 함께 즐길 수 있다. 12개의 진주알을 모아야 마법의 성에 들어갈 수 있는데 성으로 들어가기 전 질문 카드를 뽑아 답을 해야 한다. 이 게임을 통해 순발력과 문제해결능력을 기를 수 있다.

여행의 목적

...

여행을
'이동하면서 하는
독서'가
되게 하라

반 아이들이 유독 의기소침해 있을 때면 "너희는 언제가 제일 행복하니?"라고 묻곤 한다. 한두 명의 남학생이 "게임할 때요."라는 말을 하지만, "가족들과 여행이나 캠핑을 갈 때가 제일 행복해요."라고 대답하는 학생들이 가장 많다. 일기장을 봐도 가족과의 여행 이야기에는 늘 즐거움과 행복함이 가득 담겨 있다.

그런데 요즘 아이들은 중학생만 되면 부모님들보다 더 바쁘다. 주말에도 공부하랴 봉사활동하랴 짬이 없다 보니 부모님과 함께 여행 가는 게 쉽지 않은 편이다. 그러므로 가족 여행을 통해 평생 간직할 수 있는 '추억통장'은 가급적 초등학교 시절에 든든하게 채워놓는 게 좋다.

인터뷰에 응해주신 선생님들께 "다시 1학년 학부모가 된다면 아이와 함께 가장 하고 싶은 게 무엇인가요?"라는 질문을 드렸더니 신기하게도 똑같은 대답을 해주셨다. "함께 여행을 더 많이 다니며 이야기를 나누겠다."라는 것이다. 다양한 답을 예상했던 나로서는 다시 한 번 '여행'과 '대화'의 소중함을 생각하는 계기가 되기도 했다.

여행을 통한 대화는 사춘기도 잊게 한다

고2 딸과 중3 아들을 둔 23년차 김재수 수석 선생님은 평소에 자녀와 여행을 많이 다니기로 유명하신 분이다. 선생님은 '독서가 앉아서 하는 여행이라면 여행은 서서하는 독서'라면서 특히 부모님과 함께하는 여행은 교육적으로도 더할 나위 없이 좋은 경험이라고 강조하셨다.

"아이들은 알게 모르게 부모의 영향을 받고 자랍니다. 부모의 역할 중 하나가 자녀들이 올바른 가치관을 형성할 수 있도록 도와주는 것인데, 그러기 위해서는 다양한 문화를 접할 수 있게 해야 합니다. 오랜 시간에 걸쳐 만들어진 문화를 경험하면서 자신의 가치관도 완성해나간다고 생각합니다. 이런 문화를 경험하기에 여행만한 것이 있을까요? 집과 학교를 오가는 일상에서 벗어나 여행을 통해 색다른 경험을 하고 나면 아이들도 시야가 넓어지고 가치관에 변화가 옵니다. 더불어 생각하는 힘도 크고 강해집니다. 여행의 가장 큰 교육적 효과라고 할 수 있습니다."

선생님께 여행의 교육적 효과에 대해 좀더 구체적인 설명을 부탁드렸더니 김용택 시인의 '콩, 너는 죽었다'라는 시를 읽어주셨다. 교과서에 실린 시라서 나도 아이들과 함께 읽은 기억이 났다.

"'콩타작을 했다 / 콩들이 마당으로 콩콩 뛰어나와 / 또르르 또르르 굴러간다' 이 시를 아이들과 읽으면서 섬진강에 대해 이야기합니다. 섬진강을 둘러싼 자연이 김용택이라는 시인과 이 시를 탄생시켰기 때문이죠. 우리나라를 여행할 때는 문학여행을 떠나보는 것도 권해주고 싶습니다. 감수성은 문학을 통해 연마되는데 요즘 아이들은 문학도 주입식으로 배우고, 시험 문제를 풀기 위한 공부로 생각해서 안타까워요. 그래서 저는 아이들과 문학여행을 하며 살아 있는 문학을 만나보는 기회를 많이 가졌습니다. 그리고 여행의 느낌을 나누는 대화도 문학이라고 생각합니다. 똑같은 여행지를 가도 서로가 보고 느낀 것이 다를 때가 많잖아요. 이보다 더 기분 좋은 경험이 있을까요."

선생님은 아이들이 사춘기를 무난하게 지내온 것도 여행을 통한 대화가 큰 역할을 한 덕분이라고 하셨다. 일상생활 속에서 의미 있는 대화를 나누기에는 각자의 생활이 너무 바쁘고 활동 영역도 많이 다르다. 이럴 때 여행은 서로의 마음을 열게 하는 좋은 기회가 된다. 일단 집을 나서서 여행을 떠나면 자연스럽게 함께하는 시간이 만들어지고, 그 시간 속에서 진솔한 대화가 오갈 수밖에 없다는 것이다.

새로운 여행지에서 지난 여행에 대한 이야기를 끄집어낼 수도 있고, 평소 말하기 꺼려졌던 마음속 이야기를 꺼내기도 한다. 또 시시콜콜한 생활 속 에피소드를 자연스럽게 나눌 수도 있는데, 그러다 보면 어느새 마음이 열리게 된다. 무엇보다 이런 여행을 할 기회가 가장 많은 시기가 초등학생 때이므로, 너무 늦기 전에 아이와의 여행에 아낌없이 시간을 투자하라고 조언해주셨다.

더 깊이 생각하고 더 많은 대화를 나누는 여행을 떠나라

〈세상을 바꾸는 시간, 15분〉에 출연한 이지민 씨는 병원에서 심리치료를 권하는 일곱 살짜리 아들을 데리고 병원 치료 대신 산티아고 길을 걷고 온 감동적인 이야기를 들려줬다. 두 아이를 둔 워킹맘으로 살아가

다가 회사를 그만두고 떠난 여행이었다. 첫째 날, 10킬로미터를 걷고 나서 더는 못 걷겠다며 우는 아들에게 "엄마 마음이 너무 아파. 네가 이 길을 같이 걸어주면 엄마 마음이 덜 아플 것 같은데, 같이 걸어줄래?"라고 말했다고 한다. 그녀는 산티아고 걷기 여행을 다녀온 뒤 자신과 아들은 몸과 마음이 훨씬 더 건강해진 것 같다고 전했다.

김재수 선생님도 느린 여행을 좋아한다고 말씀하셨다. 지난 여름방학 때 아들과 단둘이 자전거 여행을 한 이야기를 해주셨다. "아들이 캠핑 간 곳으로 자전거 여행을 갔습니다. 아들의 여행 기억을 더듬어가면서 같이 자전거를 탔어요. 저는 이런 여행도 좋아합니다. 새로운 곳만 찾아다니는 게 아니라 추억을 더듬어보는 여행 말이에요. 특히 자전거는 느려서 좋아요. 차로 가면 그저 스쳐 지나가는 것들이 너무 많거든요. 그런데 자전거는 좁은 길도 다닐 수 있고, 바람과 햇살도 느끼며 언제 어디서든 멈춰서서 주위를 볼 수 있으니 여행이 더 풍요로워집니다."

선생님은 자전거 여행 예찬론자다. 나이가 들수록 아들과 서먹해지는 아버지들이 많은데, 어릴 때 자전거 여행을 하면 체력적인 힘듦과 여행 중 겪는 역경을 함께 이겨내며 아들과 아버지가 친구이자 동지가 될 수 있다는 것이다. 또 자전거 여행을 하다 보면 길에서 만난 누구와도 친구가 되는데 이런 경험도 너무나 소중하다고 하셨다.

김 선생님은 지난 겨울방학 때 아들과 함께 고전읽기의 일환으로 유럽 여행을 다녀오셨다. 물론 교사라는 직업상 방학을 활용할 수 있어서 가능한 여행이긴 했지만 다른 부모님들도 참고하셨으면 한다.

"이번 유럽 여행은 독서토론을 겸한 유럽 인문학 4개국 투어였습니다. (사)전국독서새물결모임에서 주최한 여행으로 저는 학생들의 토론을 진행하며 생활을 도와주는 인솔자로 다녀왔죠. 보통 유럽 여행 하면 관광을 많이 생각하지만, 이번 여행의 테마는 인문학 투어와 독서토론이었어요. 여행지 코스가 문학을 테마로 짜여지다 보니 낮에는 문학가의 출생지, 살았던 곳 등을 중심으로 여행했고, 저녁에는 그와 관련된 책을 토론하는 시간을 가졌습니다."

인문학 투어 이야기를 듣는 내내 너무나 부러웠다. 세계적인 인문학 성지를 투어하며 견문을 넓히는 것뿐만 아니라, 토론을 준비하는 과정에서 아이들의 우정이 쌓이고 미션을 해결하는 과정에서 협동심과 문제해결력 등도 키우는 여행인 것이다. 이런 여행은 아이들 스스로 자신의 새로운 면을 발견하게 하고, 미래에 대한 꿈을 키우는 데도 도움이 되기 때문에 진로교육의 효과도 있다.

이 투어 프로그램 중 아이들이 가장 좋아했던 것은 '런던 레이스'였다고 한다. 5~6명이 한 팀이 돼 런던의 곳곳을 다니면서 미션을 수행하는데 대중교통을 하루 종일 이용할 수 있는 프리패스 카드와 1인당 10파운드의 돈만으로 특정 장소에 찾아가서 미션을 수행하는 것이다. 이 과정을 모두 학생들 스스로 해내면서 리더십을 발휘하고 문제해결력도 키우고 영어 실력도 테스트하는 등 자신의 숨은 능력을 발견하는 계기가 됐다고 한다. 아이들이 스스로를 대견해하며 자신감을 키운 것이다.

이런 인문학 투어가 아니더라도 여행과 캠핑을 많이 다니는 아이들은 확실히 호기심과 자신감이 있고 활발한 편이다. 학교생활 전반에 걸쳐 유연하게 대처하고 문제해결능력도 비교적 높은 편인데, 아마도 낯선 상황에서 다양한 경험을 해보았기 때문일 것이다. 게다가 학교생활의 스트레스를 여행을 통해 풀고 가족들과 대화도 많이 하다 보니 또래 친구들에 비해 상대적으로 회복 탄력성도 높다.

추억이 많은 아이가 지혜로운 인물로 자란다

"알면 참으로 사랑하게 되고, 사랑하면 참으로 보게 되며, 볼 줄 알면 모으게 되니 그것은 그저 쌓아두는 것과 다르다." 정조 시대의 문장가 유한준의 명문이다. 이것을 유홍준 씨는 《나의 문화유산 답사기》 1편 서문에서 "사랑하면 알게 되고 알게 되면 보이나니, 그때 보이는 것은 예전 같지 않다."라는 말로 재인용했다.

김 선생님의 여행 이야기를 들으면서 '사랑하면 알게 되고, 알게 되면 보이는' 경험은 여행을 통해 하는 게 가장 좋겠다는 생각이 든다. 여행을 떠나기 전이나 여행지에서 돌아와 관련 서적을 읽으며 상상하고 곱씹다 보면, 자연과 문화에 대해 더 깊이 알게 되고 진정으로 사랑하고 아끼는 마음도 생길 것이다.

작년에 2학년 담임을 하면서 학교에서 가까운 수목원으로 가을 소풍을 다녀왔다. 처음 소풍 장소를 말하자 몇 명의 아이들이 "선생님, 거기 벌써 가봤는데요!"라며 불만을 토로했다. 하지만 감수성이 풍부한 아이들은 "선생님, 엄마 아빠랑 가보긴 했지만 친구들이랑 선생님이랑 같이 가면 더 재미있을 거 같아요. 전 봄에 갔다 왔는데, 지금은 가을이니까 다를 것 같아요."라고 기분 좋게 말해줬다.

학생들과도 교실에서 공부만 하는 것보다는 자연으로 나가는 것이 추억을 만드는 데도 도움이 되고, 친밀감이나 끈끈한 정도 더 생긴다. 많은 부모님들이 바쁘다는 이유로 아이들과 함께할 수 있는 일들을 자주 포기하는데, 잠시라도 짬을 내어 아이들과 함께 여행을 떠나보시기를 권하고 싶다. 자연을 벗삼아 호연지기를 기르고 추억을 쌓으면서 더 많은 것을 보고 느끼고 감탄하는 시간은 아이들에게 분명 큰 도움이 될 것이다.

"여행은 나이 든 사람에게는 하나의 경험에 불과하지만, 나이 어린 사람에게는 최고의 교육이 된다."

철학자 프랜시스 베이컨의 말처럼 아이들은 진정한 여행을 통해 감성과 용기 그리고 꿈을 키울 수 있다.

엄마의 준비

...

초등학교 입학 전
엄마가 먼저
준비해야 할 게
있다

초등교사는 자녀 한 명당 최대 3년간 육아휴직을 할 수 있다. 육아휴직을 한다고 해도 그 어떤 불이익도 없기 때문에 아이가 두 명이면 6년 동안 육아휴직이 가능하다. 그러나 주변을 둘러봐도 6년간 휴직하는 경우는 매우 드물고, 평균 1~2년 정도의 육아휴직을 하는 편이다. 육아휴직의 시기를 보면, 아이를 낳고 돌까지의 기간과 자녀가 초등학교 1학년이 됐을 때가 가장 많다. 심지어 가슴에서 모유가 흘러내려도 학교에 바로 복귀한 선생님들조차 첫째 아이가 초등학교에 입학하면 육아휴직서를 제출하곤 한다.

이는 자녀의 초등학교 입학이 그만큼 남다른 의미와 부담감으로 작용한다는 것을 의미한다. 선배교사 중에 자기 아이의 담임이 된 동료교사와 눈을 못 맞추는 분도 계셨다. 교사인 우리가 이럴 정도라면 학부모들의 걱정과 염려는 얼마나 클지 그 심정이 헤아려진다. 그렇다면 초등학교 입학 전 엄마들은 어떤 준비를 하면 좋을까. 여러 선생님들의 인터뷰 내용을 바탕으로 정리해보았다.

"아이에게 '학교는 즐거운 곳'이라는 기대를 갖게 해주세요."

부모가 초등학교 입학을 앞둔 자녀에게 해줄 수 있는 가장 의미 있는 일은 '새로운 세계에 대한 두려움 해소'가 아닐까 싶다. 학교란 또래 친구들과 함께 즐겁게 놀고 공부하는 곳이라는 생각을 가질 수 있도록 유도하는 것이 부모의 가장 중요한 역할이다. 입학 전부터 아이에게 과도한 선행학습을 시키고, 공부가 뒤처지면 안 된다는 것을 강요하면 아이들에게 학교는 두려운 곳이 돼버린다. 그리고 우리 아이가 반에서 '뛰어나게' 잘했으면 하는 욕심도 버려야 한다.

뭐라도 더 가르쳐서 보내야겠다는 강박을 갖는 것보다는 아이와 함께 보내는 시간을 늘리고 다양한 주제로 이야기를 나누는 시간을 갖는 게 더 중요하다. 선행학습에만 초점을 맞추지 말자. 아이와 충분히 소통하면서 아이가 세상과도 폭넓게 교감할 수 있도록 EQ가 높은 아이로 키우는 것이 최고의 입학준비다.

"학교라는 사회생활에 필요한 덕목을 알려주세요."

초등학교는 아이의 첫 번째 공식적인 사회생활이다. 즉 첫 단추를 꿰는 순간인 것이다. 아이들 중에 학교 교칙을 설명해주면 "왜요?"라고 묻는 경우가 종종 있다. 수학이나 과학시간이라면 이런 식의 호기심은 공부에 도움이 되지만, 생활에 필요한 덕목에 끊임없이 의문을 가지면 지도하는 데 어려움이 따르는 게 사실이다. 그러니 입학 전에 선행학습에만 집착하지 말고 생활에 필요한 덕목들을 지도해주는 게 우선시돼야 한다. 친구, 선생님들과 함께 생활하기 위해서는 '배려'가 필수 덕목이고, 지킬 것은 꼭 지켜야 한다는 가치관을 가질 수 있도록 해주는 것이다.

"선생님께 아이의 '단점'을 너무 강조하지 마세요."

누군가에게 자신의 콤플렉스나 단점을 자주 말하면 상대방은 은연중에 그것을 기억하게 된다. 선생님께 내 아이를 잘 부탁한다는 말을 하면서 아이의 단점을 강조하는 어머니들이 종종 있다. 걱정되는 마음은 충분히 이해하지만 아이의 단점을 너무 부각시켜 교사에게 반복해서 말할 필요는 없다. 왜냐하면 불필요한 선입견이나 편견을 심어줄 수 있기 때문이다. 가령 아이에게 다소 엉뚱한 면이 있다고 해서 "선생님, 저희 아이는 왜 그리 엉뚱한지 모르겠어요. 하는 짓이 사차원이라 형이 놀릴 정도랍니다."라고 말했다고 해보자. 그러면 아이가 학교에서 조금만 독특한 행동을 보여도 선생님은 은연중에 '저 아이는 어머니 말씀대로 정말 사차원이구나.'라고 생각할 가능성이 크다.

선생님과의 첫 상담 때는 "우리 아이가 부족한 점도 있지만 장점도 많으니 칭찬과 격려를 많이 해주세요. 엄마 말은 안 들어도 선생님 말씀은 귀담아 들으려 한답니다. 선생님을 얼마나 좋아하고 따르는지 몰라요." 정도로만 이야기하는 것이 좋다. 나 또한 학부모님들에게서 이런 말을 들었을 때, 기분도 좋고 아이에게도 더 관심을 갖게 됐으며, 열심히 지도해야겠다는 마음이 들었다.

"저학년 공개수업에는 꼭 참석하셨으면 합니다."

엄마는 아이의 평생 담임교사다. 그러므로 고작 일 년을 담당하는 담임교사들이 내 아이를 어떤 눈빛으로 쳐다보고 어떻게 가르치고 있는지

볼 권리와 의무가 있다. 그러니 공개수업이 있을 때는 가급적 빠지지 말자. 특히 저학년 공개수업 때면 많은 학부모가 참석하는데, 이때 자기 엄마만 오지 않으면 아이가 의기소침해지는 게 사실이다. 일 년 중 하루지만 부모님이 자신의 모습을 보러 온다고 생각하면 아이들은 설렘을 감추지 못한다. 반면 평소 발표도 잘하고 활발하던 아이도 부모님이 안 오시면 그날만큼은 풀이 죽은 표정으로 소극적으로 수업에 참여하는 일이 간혹 있다. 꼭 어머니가 오실 필요는 없다. 그날 아버지가 시간적으로 더 여유롭다면 아버지가 참석해도 좋다.

"초등 1학년의 교육목표는 학교 적응과 생활습관 바로잡기입니다."
입학을 앞둔 부모님들은 지레 불안해하거나 조바심을 갖는데 그럴 필요가 전혀 없다. 특히 그 불안의 근원이 학습에 관한 것이라면 더욱더 염려할 필요가 없다. 초등학교 1학년의 교육목표는 학교 적응과 기본생활습관의 정착이다. 학습은 부수적인 것이며 교육과정도 유치원과 상당히 비슷하므로 학습보다는 아이들이 학교생활을 행복하게 즐길 수 있도록 생활습관을 정착시키는 것이 가장 중요하다. 그리고 시간을 효과적으로 쓸 수 있도록 집에서 규칙적인 생활을 습관화하는 게 좋다.
특히 아이들은 변화된 환경에 낯설어하고 긴장하는데, 내색을 하지 않더라도 아이의 맘을 어루만지고 응원해주는 데 신경써야 한다. 자립심을 길러주는 것은 좋지만, 초등학생이 되었다고 해서 무조건 모든 걸 혼자서 해보라고 종용해선 안 된다. 그보다는 아이에게 필요한 것 위주로 하나씩 스스로 해나갈 수 있게 용기를 북돋아주는 게 필요하다. 그리고 가급적 아이와 많은 시간을 같이 보내며 초등학교에 대해 긍정적인 생각을 가질 수 있도록 생각을 전환해주고 자신감을 키워줘야 한다.

"책가방이나 옷을 사는 것보다는 아이의 마음을 살피는 것이 더 중요한 준비입니다." 신경자 선생님은 이것을 입학 준비 중 가장 중요한 것으로 꼽았다.

"우리 아이 잘못은 아닐 거라는 생각은 버리세요."

아이의 교우관계 문제로 학부모와 전화 상담을 할 때의 일이었다. 당시 가장 문제가 많은 아이의 어머니가 "우리 아이가 그랬을 리 없어요. 절대 그런 아이가 아닙니다. 친구 잘못 만나서 그래요. 오히려 우리 아이가 피해자입니다."라고 말하며 생각을 바꾸려 하지 않아 담임교사로서 힘들었던 기억이 난다. 집에서는 천사표 아이라 해도 단체생활을 하면서 다른 친구를 힘들게 할 수도 있다는 걸 부모님들은 인정하지 않으려 한다.

반면 이런 상황에서 "우리 아이의 말만 듣고는 알 수 없지요. 선생님께서 상황 판단하셔서 아이가 잘못했을 때는 엄하게 혼내주세요."라고 말씀하시는 부모님도 계신다. 대개 이런 마인드의 부모님 밑에서 자란 아이는 학교에 와서도 남에게 피해를 주는 행동을 잘 하지 않는 편이다.

"안내장과 제출 서류는 제때 잘 챙겨주세요."

학기초 학생 편으로 전달되는 안내장은 학교마다 조금씩 차이가 있지만 열 가지가 넘는다. 학생 기초환경 조사표, 교과학습 진단평가 안내장, 개인정보 수집 및 이용 동의서, e-교과서 다운로드 안내장, 교육비 지원 안내장, 방과후 안내장, 건강조사 및 응급관리 안내장 등 그 종류가 다양하다. 1학년의 경우 학교생활이 시작되는 시기다 보니 스쿨뱅킹부터 이것저것 학부모님들이 가입하고 작성해야 할 양식들이 많을 수밖에 없다. 잘 읽어보고 숙지만 해도 되는 것이 절반 정도이고 나머지는 보호자가 의견이나 동의서를 적어서 아이 편으로 꼭 제출해야 하는 것들이다. 특히 학교예산으로 진행하는 유익한 프로그램이나 캠프는 선착순으로 마감되는 경우도 있기 때문에 잘 챙겨보는 것이 유리하다.

그리고 아이가 유제품, 고등어, 닭고기 등 특정 음식에 알러지가 있으면 반드시 그 내용을 작성하고 교사에게 한 번 더 숙지시켜줘야 한다. 예전에 1학년 학생 중, 급식 샐러드에 들어 있는 땅콩소스가 알러지 반응을 일으켜 호흡곤란을 겪은 아이가 있었다. 이런 일을 사전에 막으려면 부모님이 먼저 신경써서 주의 사항을 알려주는 게 중요하다.

"학기 초 학부모 상담 때

아이의 단점을 너무 부각시켜

교사에게 반복해서 말할 필요는 없다.

왜냐하면 불필요한 선입견이나

편견을 심어줄 수 있기 때문이다 ."

_이정원(10년차 교사)

필수 선행

...

교사들이 꼽는
입학 전
필수 선행은
무엇일까

아이의 초등학교 입학을 앞둔 부모님이 가장 걱정하는 것은 무엇일까? 요즘 부모님들은 영어, 수학, 국어과목에서 선행학습을 어디까지 해 가야 하는지를 가장 염려하시는 것 같다. 하지만 교사들의 생각은 조금 다르다. 1학년 담임교사로 배정받은 선생님들은 아이들의 학업능력보다 생활습관이나 교우관계를 가장 많이 염려한다. 습관과 인성은 학교에서 교사가 단기간에 바로잡는 데 한계가 있기 때문이다.

아이의 사소한 습관 하나를 바로잡는 데도 얼마나 많은 시간과 인내가 필요한지 어머님들이 더 잘 아실 것이다. 그래서 초등학교 입학을 앞둔 아이에게 가장 중요한 것은 영수 선행학습, 한글 깨치기가 아니다. 학교에 가면 배울 수 있는 것들을 조금이라도 더 빨리 익히게 하려고 애쓰기보다 원만한 학교생활을 위해 가정에서 반드시 익히고 와야 하는 습관이 뭔지 점검하고 바로잡아주는 것이 더 시급하고 중요하다. 어머니들이 걱정하는 것들의 상당부분은 빨리 습득하느냐 조금 천천히 습득하느냐의 차이지 시간이 가면 대부분의 아이들이 할 수 있는 것들이다. 그러니 중요한 것을 제쳐두고 그런 것들에만 조바심을 내지 않았으면 한다.

인터뷰한 선생님들께 초등학교 입학을 앞둔 아이들이 꼭 바로잡아야 하는 습관이나 미리 준비하면 좋을 것들에 대해 여쭤봤다. 다음은 공통적으로 나온 답변을 정리한 것이다.

"첫째도 자신감, 둘째도 자신감입니다."

부모가 절대적으로 아이를 믿으면 아이도 자신을 믿게 되며, 이 자신감을 토대로 세상을 탐험하게 된다. 이런 아이들은 초등학교 고학년으로 올라갈수록 대체로 발표도 잘하고 리더십 있는 아이로 성장한다. 스스로에게 좋은 느낌을 갖고 있는 아이일수록 좋은 행동을 하게 되는 것이다.

자신감과 자존감을 높이기 위해서는 적절한 칭찬이 필요하다. 자신감이 없는 아이는 발표를 하고 싶어도 망설이다가 손을 들지 못하는 일이 많으며, 손을 들었다가도 "아니에요."라고 말하며 다시 손을 내리는 경우가 많다. 이럴 때 담임교사가 격려하고 기다려주지만 발표를 끝내 포기하는 경우도 많아 무척 안타까운 마음이 든다. 틀린 대답이라도 씩씩하게 말할 수 있도록 자신감을 키워주자.

"정리정돈하는 습관을 길러주세요."

교사 친구들이나 주변 동료 선생님들이 이구동성으로 호소하는 어려움이 있는데, 바로 정리정돈이 너무 안 되는 학생을 지도하는 것이다. 교과서와 학용품을 서랍이나 사물함에 넣지 않고 책상 아래에 쌓아둔 채 생활한 아이가 있었는데, "발밑에 두지 말고 깔끔하게 정리하라."고 일 년 내내 같은 말을 반복하느라 곤혹스러웠다는 동료 교사도 있다.

정리정돈 습관은 하루아침에 길러지는 게 아니다. 나 역시 이런 경우 당근과 채찍을 모두 써봤지만 다음날 바로 원상태로 돌아가는 경우가 많았다. 교실 청소는 못하더라도 자기 자리, 책상 서랍과 사물함 정리정돈 정도는 스스로 해낼 수 있어야 한다. 그러기 위해서는 평소 자신의 물건을 소중히 생각하고 정리정돈을 잘하는 습관을 길러주도록 가정에서 잘 지도하는 것이 필요하다.

"인사 잘하는 아이가 제일 예뻐 보입니다."

예의범절의 기본은 '인사'다. 교사들 사이에서도 인사를 잘하는 교사가 그렇지 않은 교사보다 인기가 있다. 동서고금을 막론하고 남녀노소 누구나 예의 바르고 인사 잘하는 사람이 사랑받는 것은 당연지사다. 그러니 학교생활에서 인사만 잘해도 선생님에게 좋은 인상을 심어줄 수 있다. 담임교사로서 공부 잘하는 학생보다 인사 잘하는 학생에게 애정이 가는 것은 어쩌면 인지상정인지도 모르겠다.

"선생님과 친구들이 말할 때 경청할 줄 알아야 합니다."

1~2학년 담임을 하다 보면 난감한 경우가 있다. 옆반 선생님이나 교감 선생님께서 협의할 일이 있어 교실에 오실 때가 가끔 있다. 아직 어린 아이들이라 그런지 어른들끼리 이야기 나눌 때는 조금 기다려야 한다는 것을 모르고, 계속 끼어드는 아이들이 있다. "선생님들끼리 이야기 나누는 중이니까, 나중에 얘기하자." 하고 설명을 해줘도 계속 자기 이야기를 이어나간다. 뿐만 아니라 친구들이 발표를 하거나 이야기를 할 때도 참을성 있게 들어주지 못하고, 자신의 말만 반복하는 아이들이 많다. 초등 1학년의 경우 발달단계의 특성상 상대방의 입장을 헤아리기에는 아직 미

흡한 부분이 있다. 그렇지만 가정에서부터 '경청과 기다림'을 배울 수 있도록 지도를 해준 아이와 그렇지 않은 아이는 분명 다르다.

"기본적인 방향 감각을 익혀야 합니다."

1학년 아이들은 행정실이 어딘지, 보건실이 어딘지 위치를 잘 가늠하지 못하기 때문에 되도록이면 심부름을 시키지 않는 편이다. 그럼에도 저학년 학생들은 선생님이 심부름을 시키면 너무나 좋아한다. 그래서 의사표현에 미숙하고, 나서는 것을 잘 못하는 내성적인 아이들에게는 의식적으로 심부름을 시키기도 한다. 가수 김태원 씨가 "초등학교 때 선생님이 나에게 심부름을 한 번만 더 시켰더라면 내 인생은 달라졌을 것이다."라고 농담처럼 말한 적이 있는데, 그 말이 유독 기억에 남았다.

어쨌든 아무리 1학년이라 할지라도 보건실과 식수대 정도는 혼자 다녀올 수 있도록 기본적인 방향 감각은 미리 익혀줄 필요가 있으며, 그러려면 부모님의 도움이 필요하다. 3월 초 적응기간에 학교의 전반적인 시설을 같이 순회하면서 설명해주는데도, 1학기가 끝날 때까지 교무실과 행정실이 어디인지 모르는 학생들이 많다. 학년이 올라가면 차차 나아지기는 하지만, 혹여 길을 잃고 헤매는 불상사가 생길 수도 있으니, 아이가 방향감각을 익힐 수 있도록 사전에 부모님들이 지도를 해주는 게 좋다.

"40분간 바른 자세로 차분히 앉아 있는 습관을 길러주세요."

초등학교 1교시 수업시간은 40분이다. 그런데 저학년 학생들의 집중시간은 15~20분 정도이기 때문에 학교수업을 하려면 2배에 해당하는 시간을 집중해야 한다. 이 시간 동안 바른 자세로 앉아 집중할 수 있는 습관이 형성되도록 미리 준비하면 좋다. 처음부터 40분간 집중하기를 요구하는 것은 무리고 일주일에 5분씩 늘려가는 것을 추천한다. 간혹 교실에서도 의자에 몸을 기대 앉거나 심지어 거의 누우려고 하는 아이들이 있다. 평상시 자세는 아이들의 신체발육이나 건강과도 직결되는 문제이므로, 바른 자세를 유지하는 것이 왜 중요한지 이해하고 스스로 노력할 수 있도록 지도하는 것이 좋다.

"집에서도 '제가 발표해보겠습니다'라고 말하게 해보세요."

교실에서 발표하기 전에는 꼭 "제가 발표해보겠습니다."라는 문장을 말하게 하고 '다'라는 말이 끝나는 순간, 나머지 친구들에게 박수를 한 번 치게 해서 주의를 집중시킨다. 이와 비슷한 방법을 사용하는 교사들이 많은데 이는 발표할 아이에게는 말할 준비를, 앉아 있는 친구들에게는 들을 준비를 시키기 위함이다. 이 규칙을 사용하지 않는 담임교사를 만난다 해도 아이에게 발표하기 전에 "제가 발표해보겠습니다."라고 말해서 주의를 집중시키도록 지도해보자.

평소 집에서도 가족회의를 하거나 자신의 의견을 말하기 전에 이 문장을 말하는 습관을 길러주면 좋다. 이는 훗날 사회생활에서도 유용한 습관이다. 여러 사람 앞에서 말을 하거나 프레젠테이션을 할 때 이목을 집중시킬 수 있는 좋은 화법이기 때문이다.

"친구의 마음을 헤아리도록 지도해주세요."

친구의 사소한 잘못도 못 견디고 선생님께 고자질을 하면 담임으로서는 참 난감하다. 저학년일수록 발달단계의 특성상 친구를 마음 깊이 이해하고 그 처지에 공감하는 것이 어렵다. 특히 무엇을 해도 무조건 자신이 먼저 해야 하고 이겨야 직성이 풀리는 아이들이 많기 때문에 교우관계에서 어려움을 겪을 확률도 높다. 그러니 다른 친구들의 마음을 조금이라도 헤아릴 수 있도록 평소에 배려의 중요성을 인식시켜줘야 한다.

"책을 가까이 하는 습관을 길러주세요."

교과서 마지막 부분에는 교과서에 수록된 책의 리스트가 단원별로 정리돼 있다. 이런 책들을 읽는다면 독서의 재미도 느끼면서 과하지 않은 선행학습을 하며 아이의 배경지식도 키워주는 일석삼조의 효과를 얻을 수 있다. 언어 및 사고능력과 직결되는 '독서력'은 전 교과에 걸쳐 영향을 미치므로, 아이가 초등학교에 들어가 공부를 잘하기 바란다면 독서 습관부터 탄탄히 다져놓도록 하자. 인터뷰 중에도 모든 선생님이 입을 모아 그 중요성을 강조한 것은 바로 독서였다.

"생리적 문제는 스스로 해결할 수 있도록 지도해주세요."

먹고, 마시고, 화장실 뒤처리하기 등 생리적인 문제를 스스로 해결할 수 있어야 한다. 학교 화장실에는 칸마다 휴지가 있는 게 아니라 세면대 옆에만 휴지가 있다. 그렇다 보니 미처 휴지를 준비하지 못한 아이들은 화장실 안에서 당혹스러움을 겪곤 한다. 1학년 담임을 할 때였는데, 방과 후 수업을 듣던 한 남학생이 갑자기 사라진 일이 있었다. 어머니와 내가 학교 전체를 다 뒤지고 나서야 화장실에서 그 아이를 찾을 수 있었다. 나중에 알고 보니 볼일을 보고 화장지가 없는 걸 뒤늦게 확인했으나, 그냥 나오지도 못하고 부끄러워서 차마 소리치지도 못한 채 화장실에 갇혀 있었던 것이다. 학교 화장실은 집 화장실과는 환경이 다르기 때문에 만일의 사태에 대한 예비 교육이 필요하다. 그런 상황에서는 부끄러워하지 말고 적극적으로 도움을 요청하라고 미리 교육을 시켜두는 게 좋다.

간혹 쪼그리고 앉아야 하는 구식 양변기가 있는 학교들도 있다. 이런 경우 아이들이 화장실 가는 걸 꺼려해 무작정 참거나, 참다가 한계 상황에 닥쳐 실수를 하는 경우가 종종 있다. 공중 화장실의 경우 쪼그려 앉아서 사용해야 하는 구식 양변기가 비치된 곳이 의외로 많으니 집에서 개별적인 지도를 할 필요가 있다.

우유팩 여는 일조차 혼자 할 줄 모르는 아이들도 많다. 아이가 열다가 우유를 쏟을까봐 매번 부모가 열어주다 보니 스스로 해볼 기회가 없었던 것이다. 우유팩 정도는 아이 스스로 열 수 있게 기회를 줘야 한다.

젓가락을 바로잡는 습관도 중요하다. 젓가락질을 할 때에는 30여 개의 관절과 50여 개의 근육이 동시에 움직인다고 한다. 포크를 사용할 때보다 약 2배 정도 많은 근육이 움직이는 것이다. 젓가락으로 반찬을 먹는 동작 하나에도 '아인슈타인의 뇌'라고 불리는 두정엽이 자극된다고 하니, 바른 젓가락질은 의외로 중요하다.

"집에서도 안전교육을 일상화해주세요."

학원차량의 사고 유형을 보면 태권도 띠, 후드티의 모자, 겨울 외투의 옷자락 등이 학원차 문에 끼여 사고가 발생하는 경우가 있다. 승하차시 동행하는 학원 교사가 있다 하더라도 아이 스스로 자신의 안전을 챙길 수 있도록 집에서도 수시로 안전교육에 신경을 써야 한다. 2018년도부터 초등 저학년 교과에 '안전' 항목이 추가된다고 한다. 지금도 학교에서 안전교육을 실시하고는 있지만 이는 가정에서도 함께 이루어져야 한다.

"등교시간 10~15분 전에 등교하는 게 좋습니다."

학교에 너무 일찍 등교하는 것은 안전상 위험부담이 있으므로, 10분 정도 일찍 오는 것이 제일 좋다. 요즘은 학교에 안전 지킴이 역할을 하는 분들이 교문을 지키고 있고, 학교 곳곳에 CCTV가 설치돼 있지만 그래도 사고는 예방이 최선이다. 그러므로 전교생이 가장 많이 등교하는 안전한 시간에 학교에 보내자.

입학 후 초반 한두 주는 적응기간이라 부모님이 동행해도 좋지만 교실 안까지 함께 들어가는 것은 바람직하지 않다. 그 이후는 친구들과 다니도록 하는 것이 좋고, 부모가 동행할 경우라도 교문에서 헤어지는 것이 아이의 자립심 형성에 도움이 된다. 여학생의 경우 등하굣길에 단둘이서만 다니게 하지 말고, 최소 3~5명이 함께 다니도록 하는 게 교우관계 형성이나 안전에 더 도움이 되니 각별히 신경써야 한다.

"줄넘기 연습만큼은 미리 해두세요."

학교마다 다르지만 학생들의 건강을 위해 '줄넘기 급수제'를 도입해서 활용하는 학교가 많다. 1학년은 최소한 양발모아뛰기, 구보로뛰기 정도만 할 줄 알아도 학교생활이 더 즐거워질 수 있다. 학년이 올라가면 축구나 수영 등의 운동을 잘하는 아이가 더 멋져 보일지도 모르겠지만 초등 저학년들 사이에서는 줄넘기와 달리기를 잘하는 학생이 부러움의 대상이 되곤 한다. 무엇보다 운동을 통해 성취감을 느끼는 경험을 쌓아가는 것이 인성과 학습능력에도 큰 도움이 되니 신경써주도록 하자.

"바른 글씨쓰기, 받아쓰기 연습을 함께 해주세요."

글씨는 또박또박 쓰는 연습을 하면 좋고 받아쓰기는 너무 어렵지 않은 단어부터 연습을 해본다면 학교에서 하는 받아쓰기에 쉽게 적응할 수 있을 것이다. 아이가 평소 즐겨 읽는 책 제목이나 책 속의 간단한 단어, 또는 문장으로 시작하는 것이 좋다. 아이가 왼손으로 글씨 쓰는 습관이 굳어졌다면 양손을 모두 활용할 수 있도록 지도하고, 아직 고착화되지 않았다면 글씨는 가급적 오른손으로 쓰게 하는 것이 좋다.

예비 초등학생에게 필요한 준비물

샤프 대신 연필을 준비해주세요

연필심은 부러질 수 있으니 세 자루 정도 준비하는 것이 좋고, 저학년일수록 샤프보다 연필이 좋다. 칼은 담임교사가 준비물로 제시하지 않은 경우에는 안전을 위해 가지고 다니지 않는 것이 좋다.

비오는 날은 투명 우산이 좋습니다

비오는 날은 맑은 날보다 아동 교통사고율이 훨씬 높은데 그 이유는 우산이 시야를 가리기 때문이다. 투명 우산은 교통사고 예방에 효과적이다. 몇 년 전 학교 앞에서 검은 우산을 쓰고 가던 학생이 트럭에 치여 사망한 적이 있다. 아이의 얼굴을 알아볼 수가 없어 가방에 든 노트의 이름을 보고 신원을 확인할 만큼 사고가 심각했다. 이런 가슴 아픈 일이 다시는 일어나지 않도록 철저히 예방해야 한다. 첫째도 안전, 둘째도 안전이다.

철제 필통 대신 천으로 된 필통이 좋습니다

철제 필통은 교실 바닥에 떨어뜨렸을 때 소리가 너무 요란하므로 가급적 천으로 된 필통을 준비하는 것이 좋다. 그리고 장난감 기능이 있는 학용품은 되도록 학교에 가져가지 않도록 주의를 주어야 한다.

검정색 네임펜을 챙겨주세요

잃어버린 물건의 주인을 찾아주는 것도 담임교사의 일이다. 그러므로 학생 스스로가 자기 물건에 이름을 잘 쓰고 잘 챙기는 것도 선생님을 도와주는 것이다. 아이들 스스로 자신의 물건을 소중히 여길 수 있도록 교육하고, 본인의 교과서나 학용품에 이름을 적을 수 있도록 검정색 네임펜을 항상 필통에 넣어서 다닐 수 있게 하자. 모든 물건에 네임택을 정성껏 붙여서 보낸 어머니들도 있는데, 네임택을 붙이면서 "이건 네 물건이니 항상 소중하게 여기고 잘 챙겨야 한다."라고 교육해주시면 좋겠다.

사물함에 넣을 정리정돈용 바구니를 챙겨주세요

정리정돈을 잘 못하는 자녀라면 미리 물건을 분류해서 보관할 수 있는 바구니를 마련해 넣어주면 정리하는 데 도움이 된다. 이렇게 하면 분류의 개념을 생활 속에서 배울 수 있어 일석이조다.

공책은 미리 사지 마세요

공책은 선생님마다 선호하는 형태가 다를 수 있기 때문에 미리 구입해놓기보다는 입학식날 담임교사의 안내장을 보고 준비하는 것이 좋다. 우선은 기본 공책 두세 권만 준비해두자.

가정통신문 수합 파일을 만들어주세요

가정통신문은 무조건 파일(L자파일)에 넣어서 엄마에게 잘 전달할 수 있도록 지도하고, 그리고 통신문 중 부모님이 작성해서 다시 학교로 보내야 하는 것은 선생님께 잘 전달되도록 반복 지도해야 한다. 1~2학년 학생들은 엄마가 넣어준 회신용 안내장을 담임교사에게 주지 않고 그대로 집에 가져가는 경우가 많다. 부모의 회신을 잘 전달하지 않는 아이는 꾸짖지 말고, '우체부 역할놀이'라는 것을 제안해 실천할 수 있도록 하자. 이를 놀이로 인식시켜주고 잘했을 때 칭찬을 하면 아이는 즐겁게 임할 것이다.

사물함에 있으면 좋은 것들

담임교사가 안내하는 필수 학용품색연필, 사인펜, 가위, 풀 등, 줄넘기, 양치 도구, 개인용 물티슈, 손수건 등을 준비해두자.

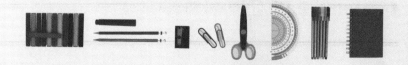

스마트폰과 게임중독

...

내 아이에게
스마트폰이
꼭 필요한지
고민해보라

"선생님, 저희 애는 집에 오면 게임만 하려고 해요. 그 모습에 화가 나서 잔소리만 하게 되고…… 어떻게 지도하면 좋을까요?"

"선생님, 스마트폰은 언제 사줘야 할까요? 그거 없으면 왕따를 당한다던데 정말 그런가요?"

최근 학부모님들께 가장 자주 받는 질문들이다. 스마트폰과 게임중독은 요즘 부모님들의 공통된 고민거리다. 수석교사 권순애 선생님은 이는 비단 아이들만의 이야기가 아니라고 하시면서 부모님이 먼저 텔레비전과 스마트폰 중독에서 벗어나야 한다고 강조했다.

"실리콘밸리 IT업계 임직원들이 사는 동네의 초등학교는 수업시간에 컴퓨터와 스마트폰을 일체 쓰지 않도록 한답니다. 그들은 텔레비전과 각종 스마트기기들이 아이들의 삶을 얼마나 파괴하는지 누구보다 잘 알고 있는 겁니다. 아이들을 스마트기기로부터 보호해야 합니다. 그런데 부모님들이 이미 중독에 가까운 실정이니 아이들에게만 하지 말라고 말하는 게 소용이 없습니다. 먼저 부모님부터 끊으셔야 합니다."

애플의 창업자인 스티브 잡스도 생전에 자녀들의 컴퓨터 사용을 엄격하게 제한했다고 한다. 2010년 말 〈뉴욕타임즈〉와의 인터뷰에서 잡스는 "아이들이 아이패드를 좋아하느냐."라는 기자의 질문에 "우리 아이들은 아이패드를 사용하지 않는다."라고 답했다. 놀란 기자에게 잡스는 "아이들이 집에서 IT기기를 사용하는 것을 어느 정도 제한하고 있다."라고 덧붙였다.

스마트폰 없으면 왕따 당할까봐 걱정이라고요?

요즘은 초등학교 저학년 부모님들도 '스마트폰을 사줄 것인가 말 것인가'를 두고 고민한다. 그래서 인터뷰한 선생님들께 핸드폰을 사주는 적절한 시기를 여쭤봤는데 신기하게도 서로 약속이나 한 듯 같은 대답을 하셨다.

"최대한 늦게, 되도록 대학에 진학한 이후가 좋아요. 만일 안전상의 문제나 워킹맘이라서 아이와의 연락을 위해 꼭 필요한 경우라면 폴더폰으로 사주세요."

"되도록 늦게 주는 것이 제일 중요한 것 같습니다. 가능한 천천히, 안사줄 이유를 충분히 만들어서 늦추기를 바랍니다."

최진수 선생님도 같은 의견을 주셨다. "너무 이른 나이에 사주면 게임 중독에 빠질 염려가 있고, 한번 빠지면 거기서 벗어나는 데 많은 시간이 필요합니다. 게임중독에 빠질 위험이 가장 큰 것도 초등학교 시절인 것 같아요. 그러니 늦게 시작하게 되면 게임을 배울 시기를 놓쳐 흥미를 잃겠죠. 그러니 되도록 늦게, 꼭 필요한 시기가 됐을 때 사주세요."

게임을 배우고 한창 재미에 빠질 시기인 초등학교 때 스마트폰을 손에 쥐어주는 것은 부모가 아이에게 게임을 권하는 것이나 다름없다. 물론 스마트폰이 없으면 아이가 왕따를 당할지도 모른다는 걱정에, 울며 겨자 먹기로 사주는 부모들도 있다. 하지만 이는 어머니들의 지레짐작일 뿐 스마트폰이 없다고 해서 왕따로 연결되지는 않는다. 소아정신과 전문 의이자 두 아들의 엄마인 천근아 교수도《아이는 언제나 옳다》라는 책에 서 이렇게 말했다.

> 다른 아이들은 다 가지고 있다는 스마트폰을 어찌 안 사주겠느냐며 난감해 하는 부모님들도 계십니다. 그런 분들은 한번 자신을 들여다보세요. 스마트폰이 없다고 아이가 무시당할까봐 두려운 마음이 실은 부모에게 있는 것은 아닌지 말입니다.

5학년 담임을 할 때의 일이다. 아이들이 단체 카톡방에서 어떤 이야기를 나누는지 너무 궁금해서 리더 역할을 하는 아이에게 초대해달라고 졸라 어렵게 들어간 적이 있다. 나는 적어도 일주일에 한 번은 과제 이야기나 학교생활에 관한 이야기를 할 것이라 예상했다. 그러나 단체 채팅방에 머무는 시간이 길수록 '헐~'이란 말밖에는 나오지 않았다. '이렇게 영양가 없는 대화를 그렇게 오랫동안 주고받고 있었다'니 참으로 안타까웠다. 심지어 담임교사가 채팅방에 있어도 속어, 은어, 줄임말이 난무했다. 한 달 정도 인고의 시간을 보내다가 시도때도 없이 올라오는 무의미한 말들을 견딜 수 없어 카톡방에서 나와버렸다.
이후 핸드폰은 늦게 사줄수록 좋겠다는 생각이 더욱 확고해졌다. 나의 이야기를 들은 동료 교사는 그 정도면 양호한 편이라며 자신의 경험담을 들려줬다. 교실에서 늘 착해 보였던 한 여학생이 온라인에서는 완전히 다른 아이처럼 활동했다고 한다. 카톡방에서 친구들을 이간질시키고 그 내용을 캡처해서 다른 아이에게 옮겨 왕따를 만드는 등의 행동들을 하고 있었다는 것이다. 당시 학부모들도 놀랐지만 그 여학생의 학교생활을 지켜봐온 자신에겐 너무나 큰 충격이었다고 했다. 그 동료 교사는 스마트폰이 없어서 따돌림을 당하는 것이 아니라, 오히려 스마트폰이 신종 따돌림을 양산하는 원인이 될 수도 있음을 부모님들이 아셨으면 좋겠다는 말을 전했다.

평소 존경하는 한 선생님은 자녀를 키우면서 가장 잘한 일은 다름 아닌 초등학교 고학년인 아들의 스마트폰을 아예 없앤 것이라고 하셨다. 아들이 남학생들과 '야한 동영상'을 주고받으며 보는 것을 우연히 알게 된 후, 서로 합의하에 스마트폰을 없앴다는 것이다. 사실 어른도 자제하기 힘든데 아이들에게 스마트폰을 쥐어주면서 야한 동영상도 보지 말고 게임도 하지 말라며 절제력을 요구하는 것은 과욕이다.

게임중독, 유혹을 피해가는 법을 알려줘야 한다

컴퓨터 게임은 학생들뿐만 아니라 성인들도 쉽게 빠져들 정도로 중독성이 강하다. 일단 게임의 맛을 본 사람들은 쉽게 헤어나지 못하므로, 아예 처음부터 시작하지 않는 것이 최선이다. 부모가 뒤늦게 심각성을 깨닫고 강력하게 금지한다고 해도 그땐 이미 늦다. 한번 중독된 아이들은 부모의 감시를 피해 PC방에서든 친구 집에서든 게임을 하기 때문이다. 그래서 게임은 중독되기 전에 예방하는 것이 제일 중요하다.

컴퓨터 게임은 순기능보다는 역기능이 훨씬 많다. 학생들이 즐겨 하는 게임은 빠른 반사신경을 필요로 하거나 장시간의 단순 반복 작업만을 요구하기 때문에 지능 계발에도 그다지 효과가 없다. 게다가 게임 내용도 대부분 폭력적이거나 선정적이다. 더구나 한번 게임을 하면 몇 시간이고 거기에만 빠져 있기 때문에 시간관리도 되지 않아 학습에 부정적인 영향을 미친다. 또 폭력성에 무방비로 노출되기 때문에 인성이나 정서 발달에도 좋지 않다.

교실에서도 게임에 빠진 학생들을 보면 대체로 성격이 급하고 인내력이 부족한 편이다. 시험 문제를 풀 때도 문제를 꼼꼼하게 읽지 않고 대충 훑어봐서 알면서도 실수로 틀리는 경우가 많다. 반면 게임을 배울 기회를 놓쳐 책과 먼저 친근해진 학생들은 몰라서 틀리는 경우는 있지만 급하게 푸느라 실수로 틀리는 일은 흔치 않다.

권순애 수석 선생님께 "게임과의 전쟁에서 엄마가 이길 수 있는 방법이 있을까요?"라고 여쭤봤다. 선생님은 부모가 아이의 여유시간을 공유하는 방법이 최선이라고 조언해주셨다.

"일을 하는 엄마라면 퇴근 후 한 시간이라도 아이와 함께 보내면서 마음이 단단한 아이로 길러야 유혹에서 벗어날 수 있습니다. 마약과도 같은 게임을 주 3시간만 지속적으로 하면 중학교 학습이 불가능하다는 연구 결과도 있습니다. 엄마든 아빠든 아이의 공백 시간을 함께할 수 없다면 이길 방법은 없다고 생각합니다. 유대인 아이들은 사춘기가 없다는 말을 들어보셨는지요? 부모와 함께하는 시간이 길수록 그 만큼 소통과 교감을 많이 하게 되므로 세대차가 줄어들어 사춘기를 느끼지 못하고 성장하는 것이죠."

공터에 농작물을 심으면 농작물 주변에 잡초가 생기지만, 공터를 마냥 비워두면 잡초가 모든 공간을 뒤덮어버린다. 무작정 게임을 못하게 하거나 끊으라고 하기보다는 그 시간을 유익한 시간으로 채울 수 있는 장치를 어른들이 마련해줘야 한다. 밭이나 논에 잡초가 자랄 수 없도록 농작물을 심고 가꿔야 하는 원리와 같다.

요즘 부모들 중에는 컴퓨터 게임을 하도록 용인하는 경우도 있다고 하는데, 그 이유는 자녀가 '왕따'가 될 것을 우려해서라고 한다. 학교 현장에서 보면 게임에 중독돼 폭력성이 높고 인내력이 부족해서 친구를 배려할 줄 모르는 학생이 훨씬 더 걱정이다. 우리 아이가 남들 다 하는 게임을 안 해서 일시적으로 대화에서 소외되는 것을 우려하는 것은 정말 불필요한 걱정이다.

자녀가 게임 중독에서 벗어날 수 있게 하려면 아이가 실천할 수 있을 만큼의 현실적인 목표를 갖고 시간을 줄여야 한다. 그리고 게임 시간을 줄이는 대신 다른 것으로 보상해주는 것도 좋은 방법이다. 아빠와 함께하는 자전거 여행, 엄마와 함께하는 베이킹, 가족들과 함께하는 캠핑이나 보드 게임 등 무엇이 돼도 좋다.

양경윤 수석 선생님께서도 학부모들과 후배 교사들을 대상으로 스마트기기에 대한 강의를 하시며 "아이들에게 무작정 스마트폰게임의 유혹을 이겨내라고 해서는 안 됩니다. 유혹을 피해가는 법을 가르쳐줘야 합니다."라고 말씀하셨다. 게임에 빠진 아이를 두고, 유혹을 이겨내지 못하는 나약함을 비난하기 전에 유혹을 피해가는 법을 같이 찾아가는 현명한 부모가 돼야 한다.

초등학생이 디지털기기로 독서하는 것도 시기상조

초등학교에서도 스마트기기를 통한 교육이 본격화되고 있다. 태블릿PC가 교과서를 대체할 날도 머지않았는데, 이 부분에 대한 우려도 만만치 않다. 우리나라보다 태블릿PC 보급률이 훨씬 높은 미국에서도 디지털기기를 통한 독서의 문제점에 관한 연구결과가 쏟아지고 있다.

구근회, 김성현 선생님이 쓰신 《초등 독서 바이블》이라는 책에서도 디지털기기를 통한 독서와 종이책을 통한 독서의 차이점에 대해 다음과 같이 설명하고 있다.

책을 통한 독서는 디지털기기를 통한 독서보다 이해도나 가독성 면에서 우수하다. 미국 닐슨 노먼 그룹 연구에서도 태블릿 PC가 활자 매체보다 가독성이 6%가량 떨어지는 것으로 나타났다. 아울러 아이들의 뇌파 실험 연구를 살펴보면, 태블릿PC는 종이책과 달리 게임을 할 때처럼 극도의 긴장 상태에서 나오는 하이베타파가 전두엽에 빨갛게 표시된다. 즉, 아이들이 극도의 긴장상태에서 책을 읽기 때문에 이해력과 판단력이 낮아지게 되는 것이다.

두 선생님께서는 디지털기기로 독서를 하게 될 경우 인터넷 서핑과 게임의 유혹에 빠지기 쉽고, 몰입도도 떨어질 뿐 아니라 여러모로 장점보다 단점이 많다고 하셨다. 그러므로 부디 학부모님들이 전자책을 보기 위해 스마트폰과 태블릿PC가 필요하다는 아이들의 말에 현혹되지 않았으면 한다는 말씀도 강조하셨다.

요즘은 인터넷 검색을 통해 해결해야 하는 과제들이 생겨나 컴퓨터를 아예 사용하지 않을 수는 없다. 그러나 검색은 엄밀히 말하면 학습이 아니다. 자료를 찾는 과정에서 스스로 생각하고 사색하는 것만이 진정한 배움이다.

실리콘밸리에는 연간 등록금만 2,000만 원에 육박하는 학교 발도르프도가 있다. 이 학교 학부모의 70퍼센트 이상이 구글, 애플, 마이크로 소프트에서 근무하지만 놀랍게도 이들은 아이들이 과제를 위해 구글을 검색하지 못하게 한다. 자녀들이 테크놀로지에 중독되면 자신이 생각하는 대로 사는 것이 아니라, 선택당하는 삶을 살게 된다는 것을 알고 있기 때문에 사전에 차단하는 것이다.

나 역시 검색이 필요한 숙제를 낸 적은 있지만, 검색만으로 가능한 숙제를 낸 적은 없다. 숙제를 하기 위해 자료를 찾아야 한다면 백과사전도 찾아보고 도서관에 가서 관련 책도 찾아보며 생각할 기회를 주는 것이 교사와 부모의 역할이라고 생각하기 때문이다.

사고력을 증진시키는 방법은 매우 다양하다. 그중 하나가 바로 숙제를 하면서 사색하는 것이라고 생각한다. 우리 아이들을 검색에 능한 아이가 아닌 사색을 즐기는 아이로 키우도록 함께 노력해야 할 것이다.

따돌림

...

아이가
따돌림을
당하고 있다면
어떻게 해야
할까

12월에 들어서 자살하려고 몇 번이나 결심을 했는데 그때마다 엄마, 아빠가 생각나서 하지 못했어요. 그런데 날이 갈수록 심해지자 저도 정말 미치겠어요. 또 새 옷을 사라고 강요하더니 자기가 옷을 가져가고, 매일 나는 그 녀석들 때문에 엄마한테 돈을 달라 하고, 화내고, 게임하고, 공부 안하고, 말도 안 듣고 뭘 사달라는 등 계속 불효만 했어요. 전 너무 무서웠고 한편으로는 엄마에게 너무 죄송했어요. 하지만 내가 사는 유일한 이유는 우리 가족이었기 때문에 쉽게 죽지는 못했어요. 시간이 지날수록 제 몸은 성치 않아서 매일 피곤했고, 상처도 잘 낫지 않고 병도 잘 낫지 않았어요.

2011년 같은 학교 또래들에게 괴롭힘을 당하다가 결국 죽음을 선택한 중학생의 유서다. 이 글을 읽고 한동안 마음이 아파서 업무에 집중을 하지 못했다.

초등학교는 어릴 때부터 같이 생활하고 정이 든 친구들과 함께 공부하다 보니 따돌림의 정도가 비교적 심하지 않다. 그러다가 중학생이 돼 여러 학교에서 온 다양하고 낯선 학생들이 모여 사춘기를 겪게 되면 이런 집단 따돌림은 상황이 심각해진다. 물론 초등학생이라도 마냥 안심할 일은 아니다. 담임을 맡은 반에서 은근히 따돌림을 당하는 '은따' 학생의 마음고생을 직접 접한 적도 있다. 문제는 학생들이 겪는 여러 가지 심각한 문제들이 점점 낮은 연령대로 내려오고 있다는 점이다. 초등학생이라고 마냥 안심할 수만은 없기에 문제가 생긴 후 수습하기보다는 미리 '예방'하는 노력이 필요하다. 그리고 이것이 어른들이 해야 할 최선이다.

따돌림의 징후를 파악하라

보통 괴롭힘을 당하는 아이는 그 사실을 수치스럽거나 부끄럽다고 생각하는 경우가 많다. 또한 도움을 요청해도 결국에는 아무도 자신을 도와줄 수 없으며 주변에 알려봤자 상황만 악화시킬 것이라고 생각한다. 그래서 자신이 괴롭힘을 당하고 있다는 사실을 숨긴 채 아무에게도 말하려 들지 않아서 그 심각성은 점점 더 깊어진다. 특히 아들의 경우 괴롭힘 당하는 사실을 엄마에게는 밝히더라도 아빠나 형제에게 알리는 것을 극도로 꺼려 하는 경향이 있다.

그래서 부모가 먼저 세심한 주의를 기울여야 한다. 아이가 직접적으로 이야기하지는 않지만 행동에서 예전과 다른 징후가 보이지는 않는지, 평소에 말과 행동에 관심을 갖고 잘 관찰해야 한다. 가장 중요한 건 '내 아이'도 따돌림의 피해자가 될 수 있다는 경각심을 갖는 것이다. 신체적인 질병만 초기에 발견하는 것이 중요한 게 아니라 따돌림도 초기에 발견하고 대처하는 것이 무엇보다 중요하다. 혹시나 우리 아이가 평소와 다른 모습이나 아래와 같은 징후를 많이 보인다면 대화를 나누고 솔직하게 말할 수 있도록 유도해야 한다.

1. 학교 성적이 떨어지고 학업에 흥미를 잃는다.

2. 이런저런 핑계를 대며 학교에 가기를 꺼려 한다.

3. 공책이나 교과서에 '죽고 싶다' 등의 낙서가 있다.

4. 부모의 눈길을 피하고, 방으로 들어가 문을 잠근다.

5. 죽고 싶다는 말을 자주 하거나 이유 없이 눈물을 흘린다.

6. 매사에 자신이 없고 웃음을 잃는다. 악몽을 꾸고 잠꼬대를 한다.

7. 이유 없이 짜증을 내는 빈도가 잦아지고 공격적인 언행이 늘어난다.

8. 말을 걸어도 학교에서 무슨 일이 있었는지 얘기하기를 거부한다.

9. 옷이나 학용품 등이 손상된 채 돌아오고 이해하기 힘든 변명을 한다.

10. 몸에 멍이나 상처가 있어도 넘어지거나 부딪혔다는 등 이해하기 힘든
이유를 대며 자세한 이야기를 피한다.

출처 : 교육과학기술부, 학교폭력사안처리 가이드북

따돌림 사건이 발생해 진위를 따지다 보면 가해 학생은 "그냥 장난친 거예요. 저만 그런 거 아니예요. ○○이가 제일 먼저 시작했어요."라는 변명을 하곤 한다. 이런 말을 들으면 피해 학생의 엄마는 자기 아이에게 "너도 뭔가 잘못을 했으니 쟤가 저런 거 아니야?"라고 다그치는 경우가 있는데, 이는 절대 하지 말아야 할 행동이다. 정황이 어떻든 간에 아이가 따돌림을 당하고 있다는 사실을 알게 됐을 때는 "엄마한테 말해줘서 정말 고마워. 앞으로 엄마가 힘이 돼줄게."라는 말로 먼저 아이를 믿어주고 힘을 실어줘야 한다.

몇 해 전 갑자기 등교를 거부하는 아이가 있어서 상담을 하다가 그 원인이 집단 따돌림 때문임을 알게 됐다. 그래서 부모님들과 면담을 했는데 피해 학생의 어머님이 불쑥 "네가 평소에도 눈치가 없고 이기적인 편이잖니. 그러니까 이런 일이 생기는 거야. 네가 동생한테 하는 거 보면 친구들한테도 어떻게 했을지 안 봐도 뻔하다."라며 오히려 당신 아이를 나무라며 핀잔을 주셨다. 얼마나 속상하면 그러셨을지 이해를 못하는 것은 아니지만, 고개를 숙인 채 어깨를 들썩이는 아이를 보니 마음이 너무 아팠다.

따돌림으로 아이가 상처 입었을 때는 '네가 평소에 원인을 제공한 부분이 있으니 이번 일이 일어난 것'이라며 다그쳐서 아이에게 두 번 상처 주는 말을 해서는 안 된다. 이런 상황에서 아이가 믿고 마음을 열 수 있는 사람은 부모밖에 없다는 걸 명심하자.

이런 경우 아빠와 엄마의 반응이 다른 것도 문제다. 엄마들의 경우 이런 문제에 민감하게 반응하지만 대부분의 아빠들은 대수롭지 않게 여기거나 문제의 원인을 아이에게 돌리는 경우가 많다. 재차 말하지만 부모는 무조건 자녀의 편이 돼서 아이를 지지해주고 믿음을 보내줘야 한다. "그동안 마음이 많이 아프고 힘들었겠구나."라고 공감해주며 따뜻한 사랑으로 보듬어주는 것만큼 큰 치유는 없다.

물론 학교에서 따돌림을 받는 아이들 중에는 본인의 인성이나 평소 태도에 문제가 있어 그런 일을 당하는 경우도 가끔 있다. 그러나 일방적으로 당하는 아이들은 대개 소심하지만 배려심이 많고, 주변 사람들이 마음 아파하는 것에 민감한 심성 고운 아이들이다. 자살을 선택한 대구 중학교 2학년 학생의 유서만 봐도 부모님을 배려하는 마음 때문에 자신이 겪고 있는 정신적, 육체적 고통에 대해 더 일찍 말하지 못했다. 그리고 이는 안타까운 결과를 가져왔다.

부모의 단호하고 즉각적인 대처만이 아이를 고통에서 구할 수 있다

초등학교 1학년부터 4학년까지 특별한 계기도 없이 심각한 따돌림을 당한 학생을 5학년 때 만나, 4년 동안 묵은 문제들을 말끔하게 해결하고 성적까지 향상시킨 선생님을 만나 뵙게 됐다. 이 선생님을 존경하는 제자들과 학부모들이 모여 만든 '하사모하 선생님을 사랑하는 사람들의 모임'라는 카페까지 있었다. 자녀가 학교에서 따돌림을 당하고 있다는 사실을 알게 됐을 때 부모들이 어떻게 대처해야 하고 어떤 마음가짐을 가져야 하는지에 대한 조언을 부탁드렸다.

"아이들에게 가장 힘이 되는 건 부모의 적극적이고 즉각적인 반응입니다. 자녀가 혹시라도 왕따 피해를 당하고 있다면 더 큰 피해를 당하는 건 아닌지 미리 두려워하지 말고, 문제를 해결해내겠다는 부모의 단호함과 어떻게든 아이를 고통에서 구해내야겠다는 굳건한 의지를 보여줘야 합니다. 그리고 빠른 시간 안에 모든 것을 해결할 수 있다는 확신에 찬 목소리와 표정으로 아이를 대해야 합니다. 이럴 때 부모부터 좌절하고 눈빛이 흔들리면 아이는 더 흔들리고 고통스러워합니다. 부모님의 리액션과 문제해결 태도가 적극적이어야 아이가 심리적 안정을 되찾을 수 있습니다."

하 선생님은 이런 문제가 생겼을 때 부모가 대수롭잖게 여기거나 혹은 회피하려고 하거나, 내 자식의 몸과 마음이 나약해서 생긴 일이라고 생각할 경우 아이의 상처는 치유되기 힘들다고 강조하셨다. 이미 상처를 받은 아이가 부모의 그러한 태도 때문에 또 다른 상처를 받게 되기 때문이다. 그리고 담임교사와 상담을 해도 문제가 해결될 기미가 보이지 않는다면 부모가 직접 가해자 아이와 그 부모를 만나 강경한 입장을 표명해야 한다고 했다.

"분노하고 화만 낼 것이 아니라 학교폭력을 일으킨 학생의 행동이 법적으로 처벌 가능한 범죄임을 단호하게 설명해야 합니다. 장난이건 의도를 갖고 한 일이건 친구에게 큰 상처를 남겼기에 그것은 엄연한 폭력임을 알려줘야 하는 거죠. 이는 단순히 겁을 주는 데 목적이 있는 게 아니라 그 아이가 한 행동의 심각성을 깨닫게 하는 과정입니다. 그리고 구체적인 사과와 이런 일이 재발하지 않을 것이라는 약속까지 받아야 합니다. 이것이 부모와 교사가 해야 할 일입니다."

따돌림은 같은 반 동급생에게 당하는 경우도 있지만, 평소 가장 친했던 친구에게서 시작되는 경우도 있다. 학교에서 따돌림 당해 힘들어하는 아이들을 보면 친하지 않은 친구나 경쟁관계에 있는 아이에게 왕따를 당한 경우보다 친한 친구에게 왕따를 당한 경우가 더 심각하다. 자신의 비밀이나 가정사까지 다 공유할 정도로 친한 친구였다가 등을 돌리고 다른 친구들까지 동원해 자신을 따돌렸을 때 아이는 배신감까지 느끼며 큰 상처를 입게 된다. 이런 아이의 경우 따돌림의 문제가 다 해결돼도 사람을 믿지 못하고 친구를 잘 사귀려 들지 않아 부차적인 문제들로 주변 사람들까지 마음앓이를 하게 한다.

친한 친구에게 따돌림을 당하면 마음의 상처가 더 클 수밖에 없는데, 이럴 때 부모는 아이의 마음을 어떻게 감싸주고 담임교사와는 어떻게 협력해야 좋을지 선배 교사 한 분께 조언을 구했다.

"예전에 저희 반 아이 중에 평소 친하게 지내던 친구에게 갑자기 따돌림을 당해 몹시 힘들어하던 아이가 있었어요. 이런 일을 알게 되면 먼저 마음을 보듬어주는 게 중요합니다. 저 역시 우선은 아이의 마음속 응어리를 말로 풀 수 있게 보듬어줬습니다. 토닥여주고 안아주면서 그 친구와 어떤 사건으로 사이가 안 좋아졌는지 차근차근 이야기를 들어봤죠. 그 과정에서 혹시나 그 친구에게 상처를 준 부분은 없는지 물었어요. 하지만 그 아이는 특별히 잘못한 것도 없는데 친구가 등을 돌리고 따돌리는 경우였습니다. 그래서 친구와 함께했던 행복한 기억을 편지로 써서 친구에게 전해주라고 했습니다. 스스로 슬픔을 정리할 시간을 갖게 하는 거예요. 상실의 아픔을 겪는 이들에게 애도의 시간을 갖게 하는 것과 같은 이치랍니다. 그러고는 아이가 자존감을 되찾아 다른 친구들을 사귈 수 있도록 용기를 북돋아줬습니다. 저는 그 아이와 두 손을 꼭 잡고 '이 또한 지나가리라'라는 말을 하면서 한참을 걸었어요. 엄마가 없는 아이였기에 더욱더 마음이 쓰였습니다."

큰소리로 당당하게 "안돼! 싫어! 그만 해!"라고 말하게 하자

학급 경영에 있어 배울 점이 많은 선배 교사 한 분은, 아이들에게 누군가가 자신을 괴롭히려고 할 때는 제일 먼저 "안돼! 싫어! 그만 해!"라고 크게 외칠 것을 가르쳐야 한다고 조언하셨다. 어른들 생각으로는 그런 말을 내뱉는 게 당연하고 쉬울 거라 여겨지지만, 내성적이고 소극적인 아이들은 이 말조차 제대로 못하는 경우가 많기 때문이다. 특히 저학년의 경우 자신의 의사를 제대로 전달하지 못하는 아이들이 의외로 많다. 부모님들과 상담을 해보면 아이가 집에서는 말을 잘하기 때문에 학교에서 그런 일을 당하면 당연히 즉각적으로 의사표현을 할 거라고 생각하는데 그렇지 않다. 초등 저학년의 경우 이런 의사표현만 분명히 해도 학교폭력이나 따돌림 문제를 막을 수 있다.

선생님은 자녀가 학교에서 따돌림을 당하지 않게 엄마가 미리 예방할 수 있는 방법에 대한 조언도 해주셨다.

"항상 밝게 웃고 친구들을 배려하도록 지도해주세요. 인성 동화나 교우관계와 관련된 책을 읽어주면서 친구의 입장을 이해해볼 수 있도록 하면 좋습니다. 그리고 언제 어디서나 자신의 생각을 분명하게 이야기하라고 강조해야 합니다. 무엇보다 힘든 일이 생기면 언제든지 선생님과 부모님께 이야기하라고 당부해주세요."

뉴욕의 할렘가처럼 치안이 좋지 못한 동네에서 한 가지 실험을 했다고 한다. 길에 서 있는 건달들 앞으로 실험 대상자들을 한 사람씩 걷게 한 것이다. 실험 대상이 된 사람들의 절반은 고개를 위로 든 채 어깨를 활짝 펴고 걷게 했고, 나머지 반은 고개를 숙이고 어깨를 늘어뜨린 채 겁에 질린 사람처럼 걷게 했다. 그 결과 당당한 자세로 건달들 앞을 지나간 사람들보다 위축된 자세로 지나간 사람들이 훨씬 더 많은 괴롭힘을 당하거나 돈을 요구당했다고 한다.

이 실험 결과처럼 당당한 태도만으로도 가해자에게서 어느 정도는 자신을 보호할 수 있다. 보통 왕따를 주도하는 가해자 학생들은 겉으로는 '센' 척을 하지만, 대체로 강자에게는 약하고 약자에게는 강한 비겁한 성격의 아이들이 많기 때문이다.

아이들에게 어떤 장소, 어떤 순간에도 당당하고 자신감 있는 자세의 중요성을 알려줘야 한다. 상대방이 이상한 요구를 했을 때는 머뭇거리지 말고 단호하게 "안돼! 싫어! 그만 해."라고 의사표현을 할 수 있도록 평소에도 연습시키고 혼자의 힘으로 감당할 수 없는 일이 생기면 부모님과 선생님에게 솔직하게 말하고 도움을 요청하도록 인지시켜야 한다.

아이가 도움을 요청했을 때 부모님은 용기를 내서 솔직하게 말해준 것에 대해 고마움을 표시해줘야 한다. 그리고 힘든 마음을 먼저 알아주지 못한 것에 대해서도 미안한 마음을 표현하는 것이 좋다.

국내 아동복지 전문 사이트인 '초록우산교육센터'에 들어가면 아동폭력예방교육 동영상을 무료로 볼 수 있다CAP : Child Assault Prevention. 저학년, 고학년으로 나눠져 있어서 더욱 좋고, 교사와 부모 교육을 위한 자료도 포함돼 있어 일선 교사들도 아이들을 지도하는 데 큰 도움을 받고 있으니 적극 활용하자.

자녀가 교우관계에서 겪는 모든 문제점에 사사건건 참견하고 과민반응을 일으키는 것은 아이의 정서에 좋지 않다. 그렇지만 너무 무심하게 방치하거나 아이가 비언어적 요소로 부모님께 S.O.S 요청을 하고 있는데도 알아채지 못해 화근을 미리 막지 못한다면, 훗날 큰 후회를 할 수도 있다.

학교폭력상담센터

학교폭력신고센터 : (국번없이) 117

· 문자신고 : #0117

· 아동경찰지원센터 : www.safe182.go.kr

· Wee센터 : www.wee.or.kr

· 학교폭력 SOS 지원단 : 1588-9128 (www.jikim.net)

· 청소년사이버상담센터 : (지역번호)1388 (www.cyber1388.kr)

청소년폭력예방재단(www.jikim.net)

· 상담전화 : 1588-9128

· 출동상담전화 : 070-7165-1071 / 070-7165-1079

· 면접상담 : 070-7165-1073

학교폭력피해자가족협의회 : 02-582-8118(www.uri-i.or.kr)

전국학부모상담전화 : 1899-0025(parents.sen.go.kr)

30년 경력의 교사들이 말하는
'다시 아이를 키운다면'

저학년 담임을 맡은 선생님들은 대학생 혹은 직장인 자녀를 둔 경우가 많다. 저학년일수록 경력이 많은 선생님들이 담임을 맡기 때문이다. 그분들은 대개 자식농사, 제자농사도 완벽하게 잘 해내신 분들이라 늘 부럽고 존경스러웠다. 하지만 그분들은 교사로서 그리고 부모로서 훌륭한 경력을 지니셨음에도 "나도 그땐 뭘 몰랐지. 다시 아이를 키운다면, 그렇게 하지 않았을 텐데…….''라는 말씀을 자주 하셨다.

남부러울 것 없이 자식들을 잘 키워낸 교사들도 "다시 아이를 키운다면?"이란 질문에는 자유롭지 못했다. 부모 노릇을 미리 연습해볼 수 있다면 지금보다는 훨씬 더 잘 기를 수 있겠지만 그런 경우는 드물다.

하지만 방법은 있다. 교육 노하우가 풍부하고 항상 배움의 자세로 살아오신 선생님 혹은 선배 학부모들의 경험담에 귀를 기울이는 것이다. 교육에 정답은 없다. 하지만 나의 가치관에 부합하는 조언을 하나씩 꾸준히 실행에 옮기다 보면 시행착오를 조금이나마 줄일 수 있지 않을까. 그것이 바로 이 책을 쓴 목적이기도 하다.

후회하지 않는 한 가지, 희생하지 말고 동행하라

이 책을 쓰면서 만난 모든 선생님들께 "다시 아이를 키운다면 어떤 부모가 돼주고 싶으세요?"라고 물었다. 선생님들이 들려주신 이야기는 거창하지도 특별하지도 않았다. 그분들은 당시에는 힘들다고만 생각한 육아의 시간과 학부모 시절이 지나고 보니 인생에서 가장 소중하고 행복한 시간이라는 말씀을 공통적으로 해주셨다.

은사님 중에서 가장 존경하는 김판갑 선생님의 답변은 간단했지만 가장 중요한 가치를 담고 있었다. "항상 부모가 진정으로 나를 사랑하고 있다는 느낌을 받을 수 있도록 키우고 싶네. 그리고 교육에 있어서는 한치의 후회도 없는 부모가 되고 싶네." 김판갑 선생님은 부부교사로 두 분의 경력을 합치면 64년이나 된다. 그럼에도 두 분 모두 아직 현직에 계신다.

부모의 사랑을 충분히 받고 자라야 진정한 성인으로 성장해 자립할 수 있다는 선생님의 짧은 답변은 평범했지만, 두 분이 교사이자 부모로서 겪었던 시행착오와 수많은 아이들과 함께하면서 깨달은 소중한 가치라고 생각하니 더할 나위 없는 깊이로 와 닿았다.

세 자녀를 훌륭하게 키워내고 벌써 손자 손녀 일곱 명을 둔 이종규 선생님은 내 아이에게 맞는 교육법을 찾는 게 부모의 임무고, 말로 가르치는 것보다 행동으로 보여주는 게 가장 바람직한 교육이라고 하셨다.

"저도 나름대로 자식들을 잘 키워보려고 선배님들의 조언도 듣고 교육서적도 읽으며 노력 많이 했습니다. 다행히도 자식들이 바르게 커줘서 늘 감사한 마음으로 살고 있습니다만, 지금은 어른이 된 자식들을 보면서 반성하게 되는 점도 없지 않아 있어요. 자신감이 부족한 것 같은 첫째를 보면 내가 너무 엄하게 가르쳐서 그런가 하는 후회가 듭니다. 아이들 제각각의 지능, 성격, 적성 등을 좀더 세심히 고려했어야 했는데 하는 아쉬움도 남아요. 그러나 내가 손주를 키운다면 변함없이 지킬 신조는 있습니다. 교육에 있어 지나친 욕심은 금물이라는 것, 그리고 말로 가르치는 것보다는 행동으로 가르쳐야 한다는 것입니다."

더불어 "희생하지 말고 동행하라."는 조언도 해주셨다. 얼마 전 퇴직하신 배경자 교장선생님께서도 자녀교육에 있어 잘한 일이라고 생각하는 것이 바로 '열심히 살아가는 모습을 보여준 것'이라고 말씀하셨다. 일하는 엄마든 그렇지 않은 엄마든 가장 좋은 교육법은 부모가 바람직한 롤모델이 돼주는 것일 테다.

30년 가까이 교직생활을 해오신 선생님 한 분은 자신의 잘못된 자식 사랑법에 대한 후회를 담은 조언을 해주셨다.

"타임머신이 있다면 아이가 처음으로 '책가방'을 매던 유치원 입학식 날 아침으로 되돌아가고 싶어요. 우리 아들은 긴 유학생활을 마치고 귀국했는데, 한 직장에서 일 년을 못 넘기고 여기저기 떠돌아다니고 있어요. 그걸 보면 내가 자식을 잘못 키웠다는 생각이 들어요. 저는 비행기를 탈 일이 있으면 늘 이코노미 티켓을 끊지만 아들에게는 종종 비즈니스 티켓을 끊어주곤 했어요. 돌이켜보니 하나부터 열까지 아들이 바라는 것 이상을 먼저 해줬던 거 같아요. 결국 아들은 조금이라도 불편한 것은 못 참고, 남한테 싫은 소리도 못 듣는 사회 부적응자가 돼버린 것 같아요."

선생님은 어릴 때 집이 가난해서 미대 대신 학비가 거의 안 드는 교대에 진학한 것이 평생의 한으로 남았다고 하셨다. 그래서 당신의 아들에게는 뭐든 다 해주고 싶으셨다는 것이다. 그 시절에는 워킹맘이 많지 않던 시절이라 돈으로 보상하며 잘 키우고 있다고 위안 삼았던 것 같다며 속사정을 털어놓으셨다. 자식에 대한 사랑이 희생이 되어서도 안 되지만, 일하는 엄마들의 경우 물질적인 것으로 대신해주고 위안을 얻어서도 안 된다는 것이다.

후회되는 한 가지, 다정한 대화와 경청

초등학교 부부교사셨고 자녀가 셋인 35년차 박영숙 선생님께 지금 돌이켜보니 가장 아쉽거나 후회되는 점은 무엇인지 여쭤봤다.

"아이들이 다 크고 나니 새삼 후회되고 욕심나는 부분이 있는데, 바로 아이들과의 대화예요. 우리 아이들은 책 읽는 아빠를 보고 자라서인지

책을 유난히 좋아하고 질문을 많이 했었죠. 하지만 그때 나는 건강도 좋지 않았고 직장생활 때문에 늘 피곤했었기 때문에 아이들의 질문이 귀찮기만 했습니다. '나중에, 아빠한테 이야기해' 하면서 회피하는 경우가 많았죠. 아이들이 사춘기에 접어드니 그 점이 가장 후회되고 미안하네요."

이 말씀을 들으니 나도 떠오르는 기억이 있다. 쉬는 시간이면 반 아이들이 질문을 하러 내 책상 가까이 몰려드는데, 여러 가지 업무로 바쁘고 지쳐 있을 때가 많아 "선생님이 지금 너무 바쁘니까 이따가 이야기하자."라고 말하곤 했다. 하지만 그 '이따가'는 영영 오지 않을 때가 많았다.

아이들은 자신의 이야기에 귀를 기울여주는 것에 아주 민감하게 반응한다. 바쁘다는 이유로 선생님이나 부모님이 자신의 말을 등한시하는 경험을 몇 번 하고 나면, 아이들은 정말 중요한 이야기도 마음속으로 삼키게 된다. 가정에서도 마찬가지다. 자녀의 말을 귀담아 들어주면서 공감해주고, 아이와 함께 있는 시간만큼은 아이에게 집중해줘야 진정한 애착관계가 형성되고 소통이 원활해진다.

수석교사 문지영 선생님도 자녀교육의 왕도는 없지만 가장 현명한 교육법은 '대화'라고 하셨다.

"교사로서 매사 긍정적인 아이들을 보면 참 잘 컸구나, 가정교육을 잘 받았구나 하고 생각합니다. 특히 제 말을 긍정적으로 받아들이면서도 궁금한 점은 자세히 질문하는 등 자신의 생각을 야무지게 표현하는 아이들을 눈여겨봅니다. 그런 아이들은 대부분 부모와 대화를 많이 나누는 아이들이었어요. 올해 우리반 아이 중 유난히 인성이 좋은 두 학생이 있었는데, 모두 부모님과 대화를 많이 하는 아이들이었죠. 실제로 지난 여름 한 카페에서 그중 한 학생이 어머니와 마주앉아 편안하고 즐겁게 대화 나누는 모습을 보았는데 정말 보기 좋았습니다. 아이의 긍정적인 태도와 자신감은 부모와의 대화에서 비롯된다는 걸 새삼 확인했죠."

문 선생님은 이때의 대화란, 부모가 일방적으로 말하는 것이 아니라 아이의 이야기를 많이 들어주고 공감해주는 대화라고 강조했다. 부모가 아이의 이야기를 들어주고 공감해줄 때 아이도 다른 사람들의 말에 공감하는 능력을 기를 수 있다는 것이다. 이런 분위기는 무엇보다 자존감과 자신감을 키우고 긍정적인 마인드를 가질 수 있게 해준다.

자녀와 제자를 긍정적인 사람으로 키우기 위해서는 어떻게 지도하는 것이 좋을까? 대학 시절 친구의 아버님이자 세 딸을 정말 훌륭하게 키워 내신 이규홍 선생님께 다시 아이를 키운다면 어떻게 키우고 싶으신지 여쭤봤다. 초등교사로 41년간 교육에 힘쓰신 분이라 평소 존경해왔고 무엇보다 매사 자신감 넘치던 친구를 보면서 아버님의 인터뷰가 기대됐다.

"교사나 부모는 절대로 아이들을 채찍질하고 강요해서는 안 됩니다. 어떤 일을 하든지 여유롭게 기다려주고 허용해주는 모습을 보여줘야 합니다. 그러면 아이들은 자연스레 긍정적인 마인드를 갖게 될 겁니다."

이 선생님께 아이의 잘못된 점을 바로잡는 과정에서 채찍질은 필요한 게 아니냐고 여쭤봤다. 선생님은 '필요악'이라고 말씀하셨다.

"훈육 차원에서는 필요합니다. 하지만 원칙 없이 감정적으로 휘둘러서는 안 됩니다. 아이에게 잘못했다는 말을 하라고 강요하거나, 무작정 체벌하는 것은 좋지 않습니다. 그 순간 부모님이나 교사들의 스트레스는 풀리겠지만 아이들 내면의 변화는 거의 없을 거예요. 아니 오히려 부정적인 결과를 불러올 수도 있죠. 스스로 변화할 수 있도록 가이드를 주고 기다려주는 게 현명합니다. 물론 쉽진 않지만 기다려주고 대화하는 것, 이것만큼 좋은 교육법은 없다는 게 제 생각입니다."

선생님의 말씀을 들으면서 인디언의 자녀교육을 위한 11계명이 떠올랐다. 결국 세상의 모든 부모가 자녀에게 바라는 덕목은 부모의 격려, 칭찬, 인정, 사랑으로 완성되는 것이다. 다시금 명확한 진리를 깨닫게 되었다. 말로 가르치지 말고 행동으로 보여주는 것만큼 현명한 자녀교육법은 없다.

비판받으며 자란 아이는 비난을 배운다.

적대감 속에서 자란 아이는 싸움을 배운다.

관대함 속에서 자란 아이는 참을성을 배운다.

격려받으며 자란 아이는 자신감을 배운다.

칭찬받으며 자란 아이는 고마움을 배운다.

인정받으며 자란 아이는 자신을 소중히 여긴다.

사랑받으며 자란 아이는 세상에서 사랑을 발견한다.

— 〈인디언의 자녀교육 11계명〉 중에서